中國学術思想 研究輯刊

七 編

林 慶 彰 主編

第 16 冊

孟子「性善說」研究

陳 立 驤 著

花木蘭文化出版社

國家圖書館出版品預行編目資料

孟子「性善說」研究／陳立驤 著 — 初版 — 台北縣永和市：
花木蘭文化出版社，2010〔民99〕
目 2+148 面；19×26 公分
（中國學術思想研究輯刊 七編；第 16 冊）
ISBN：978-986-254-175-3（精裝）
1. 孟子 2. 性善論 3. 研究考訂
121.267   99002281

ISBN - 978-986-254-175-3

中國學術思想研究輯刊
七 編 第十六冊   ISBN：978-986-254-175-3

孟子「性善說」研究

作　　　者　陳立驤
主　　　編　林慶彰
總 編 輯　杜潔祥
出　　　版　花木蘭文化出版社
發 行 所　花木蘭文化出版社
發 行 人　高小娟
聯 絡 地 址　台北縣永和市中正路五九五號七樓之三
　　　　　　電話：02-2923-1455／傳眞：02-2923-1452
網　　　址　http://www.huamulan.tw 信箱 sut81518@ms59.hinet.net
印　　　刷　普羅文化出版廣告事業
封 面 設 計　劉開工作室
初　　　版　2010 年 3 月
定　　　價　七編 24 冊（精裝）新台幣 40,000 元

作者簡介

陳立驤，公元 1964（民國 53）年 10 月，出生於觀音霞光、大屯春色與淡江夕照三者交織的「台灣八景」之一的淡水小鎮。因家中世代務農，故自幼即隨著阿公、阿嬤與雙親等，在三芝與石門老家從事農稼之事。十歲時母親因操勞過度而辭世，三兄弟幸承辛勤而偉大的父親陳旺老先生撫育成人。之後陸續取得國立中央大學地球物理系學士（1983～1987 年）、中國文學研究所碩士（1987～1990 年），以及國立成功大學中國文學研究所博士（1998～2003 年）等學位。現任高苑科技大學通識教育中心專任副教授，以及國立高雄應用科技大學通識教育中心兼任副教授，並擔任南台灣大學校院通識教育策略聯盟理事兼高雄地區召集人、中華民國華夏語文學會常務理事，以及高雄市高雄文化研究學會理事等榮譽銜。此外，還經常在海峽兩岸的各學府、機關與團體——如南京大學、南京航空航天大學、河南大學、湘潭大學、遼寧師範大學、台灣師範大學、元智大學、高雄應用科技大學、澎湖科技大學、南台科技大學、嘉南藥理科技大學、浙江工貿職業技術學院、重慶信息技術職業學院、文藻外語學院、中州技術學院、台南奇美醫院、台北榮總與花蓮慈濟等，進行講學與演講等活動，也曾於佛光山叢林學院講授「中國哲學概論」與「西洋哲學概論」等科目。陳先生的學術專長為中國哲學、通識教育與戰後台灣小說等。他一生學思的根本問題意識為：「如何建立中國哲學詮釋的主體性？」及「如何建立一套本土的通識教育品牌？」著有《孟子性善說研究》（碩士論文）、《劉蕺山哲學思想研究》（博士論文）、《宋明儒學新論》（近 40 萬字），以及儒、道、釋、通識教育、台灣文學、文字學與書評等學術論文近 60 篇。

提　要

本文以「孟子『性善說』研究」為題，全文共分四章完成。

第一章「緒論」。此章分五節寫成：第一節「研究的動機」。旨在說明本文的研究動機，乃因「性善說」的重要性而起；第二節「研究的資料」。旨在說明本文所參考的資料之類別及其運用原則；第三節「研究的方式」。旨在說明本文所採用的兩種研究方式：一為「思想體系的研究方式」；二為「以『立』為主的研究方式」；第四節「研究的範圍」。旨在指出本文的研究範圍，係以孟子義理的「本體論」為主，「工夫論」為輔；第五節「研究的次第」。旨在對本文研究的前後步驟，作一概略的說明。

第二章「『性善說』釋義」。此章旨在探討孟子「性善說」的正面義理，全章共分三節寫成：第一節「『性』的意義」。此節又可分為三小節來論述：一為「『性善說』的『性』之內容的限定」。旨在說明孟子並不以「命」為性，而是以「本心」，為性的；二為「論『本心』為一真實呈現」。旨在說明作為「性」的「本心」，並不是人從大腦中憑空想像出來的概念，而確實是一真實呈現，是可隨時呈現於人的生命活動中的；三為「論『本心』」。旨在說明「本心」不僅是「道德的主體」，同時還可進一步引申說是「道德的本體」，而且此引申乃是孟子義理所允許的；第二節「『善』的意義」。旨在說明「善」是人天賦的為善能力，即是孟子所說的「良能」，亦即是「本心」與「性」；第三節「『性善說』的真義」。旨在說明「性善」乃是一分析命題，而若以中國傳統的說法而言，則「性善說」即是「人性本善說」。

第三章「『惡』的來源及去『惡』的工夫問題」。此章旨在處理「惡」的問題，全章共分二節寫成：第一節「論『惡』的來源」。旨在回應「人性本善，惡自何來」這問題。此節又分成三小節：一為「『主體性』、『道德性』與兩種『自由』觀念的意義區分」。此為論述「惡」的來

源之前的一項重要預備工作；二為「『惡』的意義」。旨在說明「惡」的根本意義為：人之主體性「順軀殼起念」或「一念之陷溺」；而其完整意義為：人之主體性順軀殼起念以及由此所衍生所表現的一切；三則為「『惡』的來源」。旨在說明「惡」的根本起因乃是人之主體性的「不思」；而其助緣則是人生命中「慣性」的作用。此兩者相因相成，遂造成了人的墮落為惡，甚至與禽獸無異；第二節「論去『惡』的工夫」。此節又分成二小節：一為「『工夫』的意義與類別」。旨在對「工夫」的意義及其類別作一說明；二為去「惡」的主要工夫——『思』」。旨在說明「思」為去惡的最本質與最核心的工夫，且其意義實近於牟宗三先生所說的「內在的逆覺體證」。

第四章「結論」。此章旨在總結全文，並歸納了八個主要的研究結果。

目次

第一章　緒　論

在正式論述孟子的「性善說」之前，我們擬先分成五個小節，來對本文的研究作一番說明，並以之作爲理解本文的基礎與依據，以下即分別論述之。

第一節　研究的動機

孟子，姓孟，名軻，後世尊爲「亞聖」，乃是繼孔子之後，中國最偉大的儒者，同時也是歷史上建構較完整之儒學體系的第一人。勞思光先生說：

就儒學之方向講，孔子思想對儒學有定向之作用；就理論體系講，則孟子方是建立較完整之儒學體系之哲人。〔註1〕

因此，若說孔子代表中國儒學的創始階段，則孟子就是代表儒學理論之初步完成。〔註2〕所以，欲明瞭儒家思想，則必須先明瞭孟子的學說，而儒家思想又是中國文化的主流，因此，欲把握中國文化的精神，就必須對孟子的學說有相應而透徹的了解才行。而孟子的學說又以「性善說」爲其基源理論，舉凡孟子學說中的工夫論、政治論與文化論等，皆必須立基於此「性善說」之上才可說、才可成立，故無性善之說，則儒家思想內無所歸。因此，孟子的「性善說」可說是開啓儒家思想與中國文化大門的一把關鍵鑰匙。勞思光先生又說：

故就中國之「重德」文化精神言，「性善論」乃此精神之最高基據。

〔註1〕參見勞思光：《中國哲學史（一）》（台北：三民書局，民國75年12月增訂再版），頁159。

〔註2〕同註1。

—1—

倘就哲學問題言,「性善論」亦爲最早點破道德主體(即道德心或良心)之理論。〔註3〕

「性善說」既然對儒學、中國文化及哲學三方面都有如此的重要性,因此遂引發了本文對「性善說」的研究動機。

第二節　研究的資料〔註4〕

本節又可分爲兩部分:「資料的類別」與「資料的運用原則」。以下即分別說明之。

一、資料的類別

本文所處理的資料,可分爲兩類型:一是「直接資料」;二是「間接資料」。

所謂「直接資料」,即是指《孟子》原典,亦即是《孟子》七篇。此七篇之所說,代表著孟子義理的原貌;而「間接資料」,則包含甚廣,大致上可分爲以下五種:

(一)關於《孟子》一書的注疏:本文所採用的古代註疏,主要有漢朝趙歧註、宋朝朱子註(朱註見於《四書集註》本)及清朝焦循的《孟子正義》;而所參酌的近人註疏(含疏解、大義),主要有楊伯峻的《孟子譯注》、錢穆的《四書釋義》、程兆熊的《四書大義》、王邦雄等人的《孟子義理疏解》及牟宗三的《圓善論》第一章等。

(二)與本文有關之歷代儒者(不含當代)的著作:如張載的《正蒙》、胡五峰的《知言》、陸九淵的《象山全集》及王陽明的《傳習錄》與《大學問》等。

(三)與本文有關之當代中國學者的學術著作:如熊十力的《明心篇》、梁漱溟的《東西文化及其哲學》、陳大齊的《孟子待解錄》、錢穆的《中國學術思想史論叢》、唐君毅的《中國哲學原論》、牟宗三的《心體與性體》、徐復觀的《中國人性論史》、勞思光的《中國哲學史》、蔡仁厚的《孔孟荀哲學》及曾昭旭的《王船山哲學》等書。

(四)與本文有關之當代中國學者的學術論文:如蔡仁厚的《心的性質

〔註3〕同註1。

〔註4〕本節之所說,係參考顏崑陽:《莊子藝術精神析論》(台北:華正書局,民國74年7月初版)第一章第三節的說法,並經筆者之修潤而成。

及其實現》、岑溢成的《孟子告子篇之「情」與「才」論釋》、許宗興的《孟子義理思想研究》、傅佩榮的《人性向善論——對古典儒家的一種理解》、李明輝的《孟子的四端之心與康德的道德感情》與楊祖漢的《「無限心」的概念之形成》等文。

　　（五）其他資料：這些資料不一定與本文的義理相關，也不一定爲本文所引用，但卻可作爲本文寫作時的參考資料，如本文在論述「惡的來源」時即必須參酌有關心理學方面的著作，如此論說才能較爲完備。這些資料無法歸入前四類中的任何一類，且又包含頗雜，故另立「其他資料」一類以概括之。又，這些資料包含了翻譯的各種書籍及國人所撰的各類著作等，其中較重要的有：服部宇之吉的《儒教與現代思潮》（中譯）、黃慶明所譯法蘭克納（William K. Frankena）的《倫理學》、蔡坤鴻所譯謨耳（G. E. Moore）的《倫理學原理》、錢志純所譯笛卡兒（Rene' Descartes）的《我思故我在》、鄭泰安所譯約瑟夫‧洛斯奈（Joseph Rosner）的《精神分析入門》、李天命的《存在主義概論》與謝扶雅的《倫理學新論》等著作。

　　以上即是本文所處理之「間接資料」的五大類別。

二、資料的運用原則

　　以上所述爲本文所處理及所使用之資料的類別；至於本文在資料的運用上，則大致抱持著下列兩個原則：

　　（一）以直接資料（即《孟子》原典）爲主，而以間接資料爲輔。凡本文之所說，儘可能都在原典中找到支持的理據，或直接由原典資料來推求我們的論證；即使在原典中找不到明確的理據或解釋，而不得不引用間接資料來作確定的解釋時，亦必須相應於原典的義理脈絡或爲原典的義理脈絡所含。

　　（二）本文在引用間接資料時，希望能儘量避免對他人成說的直接襲用，而是願藉著他人之所說，來作爲本文主張的正面佐證、補充或批駁。

　　以上即是本文運用資料的兩大原則。

第三節　研究的方式

　　本文的研究方式，可分爲兩方面來說：一是思想體系的研究方式；二是以「立」爲主的研究方式。以下即分別加以說明。

一、思想體系的研究方式

一般而言，我們研究一家思想時，常採用兩種方式：一是「思想史」的研究方式；二是「思想體系」的研究方式。

所謂「思想史」的研究方式，就是不把一家思想孤立或隔絕地看，不把一家思想當成是一個獨立的存在；而是把它放在思想或文化發展變遷的源流中來看，把它當成是一個時代或外緣環境的產物。這種方式著重在探討一家思想所產生的原因、背景，它與過去及當時其它思想或文化的關聯，甚至於它對後世所產生的影響等；而所謂「思想體系」的研究方式，則是專對一家思想的內部理論作一系統性的探討，以期建構出其理論體系。這樣的研究方式乃是把一家思想孤立或隔絕地看，把一家思想當成是一個獨立的存在，而完全不管它與外在環境的種種關係，也不管它對將來的影響為何，所以這樣的研究方式，可說是「本質」意義的研究方式。

而本文所採取的即是「思想體系」的研究方式。

二、以「立」為主的研究方式

除了上述的「思想體系」的研究方式外，本文尚採用另一種研究方式，那就是：以「立」為主的研究方式。

所謂以「立」為主的研究方式，就是在探討一家思想時，我們只著重在正面地建構其理論體系，而不去或儘量避免去批駁這家思想的謬誤、不足與論證不當之處；而且，當我們在為這家思想尋求他人的見解以為佐證時，也只是重在以他人的見解為其正面的佐證或理據，而不重在批駁或攻擊他人見解的謬誤，以凸顯這家思想的特色與我們研究成果的正確性。若是重在批駁與攻擊這家思想本身或他人的見解，則便不是以「立」為主，而是以「破」為主的研究方式了。

由於本文是採用以「立」為主的研究方式，所以當我們在探討孟子的「性善說」，以及在徵引他人的說法時，便鮮少有批駁或攻擊「性善說」與他人的見解之處了。

第四節　研究的範圍

本文的研究範圍，以孟子的「本體論」為主，而輔以小部分的「工夫論」。

我們都知道：儒學或孟子之學，在理論上可以分成「內聖」之學與「外

王」之學兩大部分；〔註5〕而「內聖」之學的實質便是「心性論」，「心性論」又可再分成「本體論」與「工夫論」（「工夫論」又可稱爲「修養論」或「實踐論」）兩部分。「本體論」偏重在對成德的根據，提出靜態的理論說明，並論及了「惡」的性相；而「工夫論」則偏重在對成德的過程中之動態踐履的指點安排，著重於人如何作工夫以除惡，以顯心性之善而成德。雖然在理論上可以分解成「本體論」與「工夫論」兩部分，但就實際的德性修養或道德踐履而言，則理論不離實踐，實踐不外理論；理論原由實踐中得，而實踐也正所以印證理論，兩者本是不二無別，這是在此所必須注意的。

由於本文的研究範圍以「本體論」爲主，而僅輔以小部分的「工夫論」，故本文主要在於論述孟子「性善說」的正面義理及「惡」的來源；而對於去「惡」的工夫問題，則僅作簡要的說明；至於孟子義理中的其他部分，如「政治論」、「文化論」等，則皆不予論述。

第五節　研究的次第

本文的研究次第，分爲兩大部分：第一部分專論孟子「性善說」的正面義理；第二部分專論「惡」的問題。至於第二部分則延續與扣緊第一部分而來，兩者的理路前後相連。

第一部分爲「性善說釋義」。它又可分成三小部分：一爲「性」的意義；二爲「善」的意義；三爲「性善說」的眞義。而在論述「性」的意義時，我們的步驟是：先對「性善說」的「性」作一內容的限定，即先探討孟子是從人生命中的何處來說「性」？又人生命中的何處孟子不以之爲「性」？於是我們得到了「本心即性」與「性不是命」的結論；知道了「本心即性」之後，於是我們再論述「本心」爲一眞實呈現，因爲「本心」若不是一眞實呈現，則孟子的「性善說」將無法成立而形同戲論；而在明瞭了「本心」爲一眞實

〔註5〕「內聖」與「外王」兩詞，係出自《莊子·天下篇》：「是故內聖外王之道，闇而不明，鬱而不發，天下之人各爲其所欲焉以自爲方。」雖然此兩詞出自《莊子·天下篇》，但它們卻可以用來詮表儒學或孟子義理，而且當以此二詞來詮表儒學或孟子義理時，它們所代表的內涵即已儒家化了。「內聖」是關於心性修養與道德實踐之學；而「外王」，則是關於「成人成物」之外境的潤化之學。雖然儒學或孟子之學在理論上可分成此兩大部分，但並非說它們之間毫無相干，反而在人的實踐過程中，此二者是一起完成的，而不可以先後言；只是就理論上來說，則「內聖」在先，而「外王」在後罷了。

呈現之後，最後我們再專就「本心」而探討它的性質，原來「本心」不僅是道德的主體，同時也是道德的本體。而「本心」之義既明，則「性」之義明矣。

「性」之義既已明瞭了，於是我們再討論「善」的意義。原來「善」就是人天賦的為善能力，就是「良能」，就是牟宗三先生所說的「絕對善」，也就是「性」本身，因此，「性」與「善」根本是一。

「性」與「善」之義既明，則「性善」之義即明。原來「性善」為一分析命題，而「性善說」即是「人性本善說」。

第一部分的「性善說」意義既然已經明瞭了，於是我們要問：「惡」從何處來？又怎麼去「惡」？因此便進入第二部分的探討——專論「惡」的問題。

第二部分為「『惡』的來源及去『惡』的工夫問題」，這一部分又可分成一大部分——「『惡』的來源」與一小部分——「論去『惡』的工夫」。本來去「惡」的工夫繁多，討論它應專列一章，但由於本文以「本體論」為主，故僅將它列於「惡的來源」後面以為驥尾而合為一部分（一章）。

在探討『惡』的來源這問題時，我們又分成前後連貫的三步驟，來加以論述：第一先論述「主體性」、「道德性」與兩種「自由」觀念的意義區別；第二再論述「惡」的意義，最後才論述「惡」的來源。而「惡」的來源，又可分成兩方面說明：一為「惡」的根本起因；二為「惡」的助緣，兩者交相影響，遂形成「惡」。有了「惡」之後，該怎麼面對它而去除它呢？於是我們再探討去「惡」的主要工夫，也是道德實踐最本質的工夫——「思」。只要主體性一「思」，則「善」顯「惡」消；而若主體性能常「思」，則人也就能去「惡」甚而為善以臻入聖域了。

以上所述即是本文研究的次第。

而在明瞭了本文的研究動機、資料、方式、範圍與次第之後，以下即正式開始論述孟子的「性善說」。

第二章　「性善說」釋義

第一節　「性」的意義

一、「性善說」的「性」之內容的限定

（一）論「本心」即「性」

　　「性善說」的「性」指的是人性，但人性為什麼是善的呢？要解答這個問題，首先，我們必須對性善說的「性」字，作一內容上的限定，即探討孟子是從人或人活動的什麼地方來看〔註1〕人性？來規定人性？而在作此探討之前，則須對「性」這個詞，作一個最寬泛的解釋。在此，即引曾昭旭先生的說法來作此解釋：

　　　　「性，是 X 之所以為 X 者。」〔註2〕X 是一變動，可代入任一種類或個體，如牛之所以為牛者是牛性，人之所以為人者是人性。這一定義可以包含涵諸如形性（物之形色）、質性（物之本質結構）、體性（物之形上依據）、個性（物之獨一無二的特殊存在性）等等……性是指一物（當然，包含人在內）存在的依據，而使吾人可依之而確定或指認一物之存在者，而由吾人注意焦點之不同，當然可以偏就某一面某一點去確認，或注意到物的存在的形上依據，或注意到

〔註1〕當然，這裏的「看」字並非一般經驗義的「看」，而是經由修養與實踐而得的「證知」之意。

〔註2〕請注意！此「X 之所以為 X 者」的「性」，不同於孟子「性善說」的「性」：前者範圍甚廣，可適用於任何個體或種類；而後者只專就人而言，即指的是「人性」。

其面貌體裁的特徵等等，遂由此衍為各種不同的性說。〔註3〕

依曾先生的說法，若 X 以人這個種類代入，則人性便是人之所以為人者，即人存在的依據或本質；但又可因每個人看人的角度不同，即人注意焦點之不同，而可以偏就某一面某一點去看人，所以對人性便可以有種種不同的說法或規定，例如：告子以為「性無善無不善」；荀子說「性惡」，以及孟子主張「性善」等。對於告子與荀子的人性說，本文在此不擬討論，而只擬探討孟子之性善說。我們想要了解的是：究竟孟子是從人或人活動的什麼地方來確認及規定人性，而提出性善的主張？到底他是憑著什麼而可以作出這種肯認呢？

要解答上面的問題，我們應先了解孟子所說的「人禽之辨」。他說：

> 人之所以異於禽獸者幾希，庶民去之，君子存之。舜明於庶物，察於人倫，由仁義行，非行仁義也。（《離婁下》第十九章）

徐復觀先生以為：「孟子這幾句話的意思是說人與一般禽獸，在渴飲饑食等一般的生理刺激反應上，都是相同的；只在一點點（幾希）的地方與禽獸不同。這是意味著要了解人之所以為人的本性，只能從這一點上去加以把握。」〔註4〕的確，從經驗的〔註5〕或科學的立場來說，人與禽獸並沒有「質」上的不同，而只有「量」上的差別罷了。譬如：「對於一個生物學家來說，『人』可以由一組生物特徵所界定；在解剖學的利刀之下，一個人與一隻猴子如果還有什麼不同，那些不同只是物質性的不同，例如心臟的重量不同而已。就算從社會學家、從心理學家、從人類學家等人的立場看，人仍然只是生物的一『種』。至於物理學與化學，通過這些學科的觀點看時，人甚至不過是某型物質的組合。」〔註6〕從這層面或立場看，人跟禽獸是沒有什麼不同的，但問題是：人如果真的跟禽獸（動物）沒什麼不同，或只是「量」上的有差別性，那麼何以獨獨人可以創造文化，可以自覺地表現出道德行為與精神生活，而其他禽獸甚至萬物都不可以？由此可知，人與禽獸是有「質」上的不同之處，亦即：人與禽獸是有根本上的不同，有本質上的差異所在的。而這根本上的

〔註3〕 參閱曾昭旭：《道德與道德實踐》（台北：漢光文化事業公司，民國74年4月三版），頁47。

〔註4〕 參見徐復觀：《中國人性論史·先秦篇》（台北：商務印書館，民國76年3月八版），頁165。

〔註5〕 此「經驗」為一般意義的經驗，並不包括道德經驗與宗教經驗等。

〔註6〕 參見李天命：《存在主義概論》（台北：學生書局，民國75年3月五版），頁7。

不同，本質上的差異所在，在孟子，則稱爲「幾希」，這是禽獸所無而人所獨有的所在，這才是人之所以爲人的依據（本質）所在，才是人的眞「性」，而這「幾希」，即是「由仁義行」的「仁義」，兩者指涉相同，只是名稱互異而已，此可引徐復觀及蔡仁厚兩位先生的說法爲證，徐先生說：

> 我以爲這裏所說的「由仁義行」的仁義，即指的是仁義，即是上面所說的幾希……此處則就其與生理比重言，所以又稱爲幾希……幾希是生而即有的，所以可稱之爲性……。〔註7〕

徐先生不僅明白指出「性」即是「仁義」，即是人禽之辨的「幾希」所在，同時也說明了何以稱爲「幾希」的原因，並指出了「幾希」是生而即有的，此即意謂著「性」乃是生而即有的。而蔡先生亦說：

> 「仁義」即是人之所以異於禽獸的幾希。〔註8〕

因此，性善說的「性」即是「幾希」、「仁義」，亦即是人之所以爲人而異於禽獸的「本質」所在。唯在此須注意的是：這裏所謂的「本質」、「性」等皆爲價值上的概念，而非知識概念，即人禽之辨乃是價值意義的不同，而非事實意義的不同（按：如人的生理結構等不同於禽獸，即屬事實意義的不同）。牟宗三先生說：

> 而人禽之辨乃是價值不同，不是類不同之不同……因此，此性既非結構之性，類不同之性，當然亦非定義中之性。定義中之性，是一個知識概念，而此性卻是一個價值概念。從此說人禽之辨，見人之所以爲人的「本質」，此「本質」是價值意義的本質，並不是定義中的性之爲本質……。〔註9〕

牟先生將「性」及「本質」的意義說得很清楚，而其意則蘊含著：人禽之辨乃是要說明人是價值的存在而禽獸是非價值的存在，所以人存在是既尊嚴又可貴的。而上面已論及「仁義」即是「性」，但因「仁義」亦是道德之理，故孟子所說的「性」實乃人內在的「道德性」。從「道德之性說性的，這樣子看人，這樣子說人性，便是理想主義的立場。」〔註10〕故我們可以說：孟子是

〔註7〕同註4。
〔註8〕參見蔡仁厚：《孔孟荀哲學》（台北：學生書局，民國77年2月），頁193。
〔註9〕參見牟宗三：《中國哲學的特質》（台北：學生書局，民國73年4月七版），頁64。
〔註10〕引自楊祖漢疏解《孟子》之《善性人所固有》一章一文，本文收入王邦雄、曾昭旭、楊祖漢合著之《孟子義理疏解》（台北：鵝湖出版社，民國74年10

理想地從人的「道德性」來看人，以及來規定人性的。

　　但「道德性」須通過什麼才能被肯認呢？「道德性」應從那裏去了解呢？又道德之理的「仁義」（「仁義」即是道德法則）是從何處所發呢？此三者的答案相同，皆是孟子所言的「本心」（按：「本心」一詞見《告子上》第十章，孟子又稱之爲「良心」、「良知」、「良能」、「四端之心」或「仁義禮智」等），亦即是「道德心」，何以如此？以下即論述之。

　　上文已說明人禽之辨的「幾希」即是「仁義」，亦即是「性」，其實，若落實下來說，「幾希」、「仁義」及「性」實在就是「本心」。亦即：「本心」乃是人之所以爲人而異於禽獸的本質所在，乃是人存在的價值與可貴之處，孟子說：

　　　　仁也者，人也。……（《盡心下》第十六章）

朱註：「仁者，人之所以爲人之理也。」即：「仁」是人之所以爲人的眞性所在，是「人之最本質之性」，若「不仁，便不足以爲人」了。〔註11〕而「仁」又是什麼呢？孟子說：

　　　　仁，人心也；義，人路也。……（《告子上》第十一章）

牟宗三先生在《圓善論》中，將此「仁，人心也」解爲：「仁就是人之超感性以上的能有通化作用之本心」〔註12〕，而「通化」的意思乃是指：此仁心（本心）能不爲一己之私所限，它能感通一切並在感通的過程中點化、潤澤萬物而賦予萬物道德價值。如此說來，人的眞性之所在，人禽之辨乃在人有仁心、本心，而此仁心本心具有通化作用，並具有道德的創造性（按：能賦予萬物道德價值即可說具有道德的創造性）。仁的意義已清楚，但，這裏的「義」作何解釋呢？其實說「本心」時即已包含「義」，「此處分別說仁爲人心，義爲人路，亦只一時之方便耳，不可執死。」〔註13〕若要執死，而認爲「義」只是人路，不包括在「本心」之內，則「雖存乎人者，豈無『仁義之心』哉」（《告子上》第八章）及「君子所性，仁義禮智根於心」（《盡心上》第二十一章）作何解釋？孟子在其他篇章所說的「四端之心」、「仁義禮智之心」及「仁義

　　　　月修訂三版）一書之《心性論》的部分。

〔註11〕見《孟子義理疏解》一書，楊祖漢所撰《心性論》部分，頁96。

〔註12〕牟宗三先生云：「『仁，人心也』，我意解爲人之超感性以上的能有通化作用之本心，能通化即不爲一己之私所限。」即是以「本心」釋「仁」，亦即是以「本心」釋人之「性」。此語見《圓善論》（台北：學生書局，民國74年7月初版），頁44。

〔註13〕同註12。

「內在」又如何解釋？況且，就算「義是人之道德實踐所應由之大路」，〔註14〕是「行事之宜」（朱子註），但此「大路」與「行事之宜」也是由「本心」所開、所制定，如此，「義」乃「本心」之所發，怎可謂之不包括在本心之內呢？故可知「幾希」的「仁義」，乃是「本心」，即孟子乃是從「本心」來說「性」，來規定人性的。

下面的這一段話，更是孟子從本心來規定人性的更直接證據：

> 由是觀之，無惻隱之心，非人也；無羞惡之心，非人也；無辭讓之心，非人也；無是非之心，非人也。惻隱之心，仁之端也；羞惡之心，義之端也；辭讓之心，禮之端也；是非之心，智之端也。人之有是四端也，猶其有四體也。有是四端而自謂不能者，自賊者也；謂其君不能者，賊其君者也。……（《公孫丑上》第六章）

由孟子這段話，我們可得下列四義：

1. 「本心」即是「四端之心」——「惻隱之心」（仁之端）、「羞惡之心」（義之端）、「辭讓之心」（禮之端）及「是非之心」（智之端），只不過「本心」是總說，而「四端之心」是散開說而已！〔註15〕

2. 「無惻隱之心，非人也……無是非之心，非人也」這一部分文句，乃是孟子從「心」說「性」的一個明證，即孟子是以「四端之心」，來當作人之所以為人而異於禽獸的本質所在。孟子認為：只要是人，則他必定能在生命活動中呈現「四端之心」；若他沒有如是呈現，則他根本不夠資格被稱為人。雖然在事實上、生理結構上他是個人，但在價值上他卻不是人，這是因為他並沒有表現出人應有的價值之緣故。所以這裏的四個「非人也」，並非指著「事實」上的不是人，而是說「價值」上的不配被稱為人，因此，「非人也」乃是一個「價值判斷」，表示一個沒有呈現「四端之心」的人，在價值上與禽獸無異，甚至比禽獸還不如。〔註16〕

〔註14〕同註12，頁43。

〔註15〕同註11，頁8。楊祖漢疏解云：「當然孟子所說的盡心是盡本心，總說是『本心』，而散開說是『四端之心』——惻隱之心、羞惡之心、辭讓（恭敬）之心、是非之心。惻隱之心，仁之端也；羞惡之心，義之端也；辭讓（恭敬）之心，禮之端也；是非之心，智之端也。」

〔註16〕此處之所以說「一個沒有呈現四端之心的人在價值上甚至比禽獸還不如」是指：這樣的人會有心去為惡與為非作歹而產生無數的罪惡，但是禽獸卻不會（因禽獸只是順著自然法則而生活，只是封閉於其一己的本能之中，如份地終其生，並不會有心地去為惡）。國人常罵品性低劣之人「不如豬狗」或「不

3.「人之有是四端也，猶其有四體也」這句話，涵蘊著：人之有「四端之心」，就好比（猶、比喻詞）人之有手足四肢一樣，乃是天生本有的，而不是後天的因素（按：如學習、信仰等）使然，亦即是：「四端」與「四體」都是「生而即有」的（注意：此「生而即有」的意義是很寬泛的）。不過，嚴格來說，「四端」之「生而即有」與「四體」之「生而即有」，兩者的意義是不大相同的：前者指的是定然的、無條件的、先天的、固有的，即本來就是如此的。此在孟子，則稱之為「此天之所與我」〔註17〕、「固有」〔註18〕及「不學而能、不慮而知」〔註19〕，皆在說明「四端之心」或「仁義禮智之性」的特性。此意牟宗三先生說得很清楚，他說：

> 「此天之所與我者」亦是如此（案：牟先生認為此「天」字乃一虛位字而無實義），即固有義。凡固有而定然如此者即說為是天——以天形容之。即是說天爵是上天所賜給我的貴，說心之官是上天所賦予我者……這樣說亦無實義，只表示凡此等等是本來如此者，是定然如此者，其本身即是終極的，並不表示說：凡此等等是由超越的外力規定其為如此的……。〔註20〕

依牟先生此說，「四端之心」的生而即有或「仁義禮智之性」的固有，其本身就是終極的，並不能再找一實位實義的「天」為其根源。而牟先生之所以如此以為，乃是有其理據的：一為「道德的非原始型態（按：道德的原始型態，乃由超越方面的天或神等所規定），必須直就道德說道德，道德必須有其自身的建立處，不能繞出去從外面建立。從外面建立，道德本身不能自足。因而，其本身不能有清楚的意義」〔註21〕；二為一說道德，即是自律的。若道德從外面建立，「由外力規定其為如此，則道德便無獨立的實義，即只是他律道德，而非自律的道德，但道德非自律便是道德之否定，是自相矛盾的。」〔註22〕

如禽獸」，即是此意。

〔註17〕《孟子・告子上》第十五章云：「心之官則思，思則得之，不思則不得也。此天之所與我者。」

〔註18〕《孟子・告子上》第六章云：「仁義禮智，非由外鑠我也，我固有之也，弗思耳矣。」

〔註19〕《孟子・盡心上》第十五章云：「人之所不學而能者，其良能也；所不慮而知者，其良知也。」

〔註20〕見《圓善論》，頁133。

〔註21〕同註9，頁68。

〔註22〕同註20。

由以上兩點，可知牟先生之以為「心性為固有，其本身即為終極的」之說法，是極為諦當的；而岑溢成先生則將此「生而即有」或「固有」，說成是「仁」或「良知」的「先天性」：

　　　　先天性——這是人天生即有、不學而能、不慮而知……。〔註23〕

此「先天性」乃在表示：「仁」或「良知」（即本心、四端之心或性）的天生本有，而不必由後天學習而來的特性。綜合牟、岑兩位先生的說法，可知：「本心」或「性」的「生而即有」，乃是先天而固有的，其本身就是終極的；而四肢手足雖然也是「生而即有」的，但其本身卻不是終極的，其背後是有「生」的根源的，即是：我們的手足四肢是來自父母，乃父母所生的。故此「生而即有」的「生」，乃是生物學的「生」，其「有」乃是生物學的「有」，實不同於「四端之心」的「生而即有」之義也。

　　4.「有是四端而自謂不能者，自賊者也；謂其君不能者，賊其君者也。」是說：若有人認為他不能擴充「四端之心」（因為只是「端」，故待擴充），那他根本是自暴自棄；若他認為他的君主不能擴充「四端之心」，那他便是暴棄其君王。換言之，孟子以為：只要是人——不管是一般人或君王，都有能力可以擴充其「四端之心」，亦即是都有能力可以實現其本心真性的。由此而引申一步，則可說心性之擴充、實現，乃是人人皆可自由作主而無待於外的。因此孟子說「仁義禮智」（本心）乃是「思則得之，不思則不得也」〔註24〕；又說「求則得之，舍則失之，是求有益於得也」，〔註25〕此意實等同於孔子所言之「我欲仁，斯仁至矣」〔註26〕之意。

　　由以上的論述，我們可知：孟子性善說的「性」（人性），至少具有下列三義：

　　（1）「性」是人之所以為人而異於禽獸的本質所在，它即是人內在的「道德性」。

　　（2）「性」是生而即有的，是先天而固有的，其自身便是終極的。

　　（3）「性」之實現，乃人人皆可自由作主而無待於外的。

〔註23〕參看岑溢成：《道德之兩層經常義》一文，收入曾昭旭的《道德與道德實踐》一書之附錄中。

〔註24〕同註17。

〔註25〕《孟子‧盡心上》第三章云：「求則得之，舍則失之，是求有益於得也，求在我者也。」

〔註26〕《論語‧述而》第二十九章云：「仁遠乎哉？我欲仁，斯仁至矣。」

　　而孟子乃是以「本心」來當作「性」，故上述三義皆必須通過「本心」來了解；又孟子言「盡其心者，知其性也」，〔註27〕故道德性（性）亦必通過「盡心」的實踐活動才能被肯認。由此可見，欲了解及肯認「性善說」之「性」，是要完全通過「本心」才可的。

（二）論「性」不是「命」

　　以上是孟子正面地通過「本心」來規定人性。但大抵一個人之提出某一主張，他可以由正面而積極地表詮之，亦可以由反面或側面而消極地遮撥之，而遮撥的目的，乃是要使其主張更加明確，即是「撥反而顯正」也。就以「性善說」之「性」為例，其正面之表詮為「性是什麼」或「什麼是性」？而其反面或側面之遮撥為「性不是什麼」或「什麼不是性」？且此反面遮撥的目的，乃是要使「性是什麼」這一正面主張更加清晰明確。而上述之「本心即性」或「性就是本心」，乃是孟子從正面來表詮，於此，我們將採取從反面或側面遮撥的方式，透過與「命」觀念的對照，來使「性」的觀念更加清楚。孟子說：

> 口之於味也，目之於色也，耳之於聲也，鼻之於臭也，四肢之於安佚也，性也，有命焉，君子不謂性也；仁之於父子也，義之於君臣也，禮之於賓主也，知之於賢者也，聖人之於天道也，命也，有性焉，君子不謂命也。（《盡心下》第二十四章）

孟子的這段話，其實是「性」「命」兩觀念的對揚。口之喜嗜美味，目之愛看美色，耳之好聽悅者，鼻之樂嗅芳香與四肢之好逸惡勞，是生而即有的，是「性」。但此「性」卻非孟子「性善說」之「性」，而是生理欲望之「性」，即是宋儒所說的「氣質之性」。這生而即有的生理欲望之性，雖內在於人身，但當其實現時，卻是人不能自己作主而有待於外的，即此「性」之實現是有限制在內的（有命焉）。而所謂的限制（「命」的限制義），又可從三方面說：

> 首先，人本便是有限的存有，他不能無限制的求滿足自己的欲望，所謂一口不能吞盡長江水，而且，如老子所說：「五色令人目盲，五聲令人耳聾，五味令人口爽，馳騁畋獵，令人心發狂。」人如果無節制的追求物欲的滿足，會使得自己的形軀盲爽發狂，毀壞自己的生命，這便是一種限制。

〔註27〕《孟子·盡心上》第一章云：「盡其心者，知其性也。知其性，則知天矣。」

其次，物欲的滿足，是孟子所說的「求在外」的事情，你雖可去求，但未必會得到，美味美色，榮華富貴，固然是性之所欲，但不必都能如你所願的滿足你。

再次，在人之求滿足其欲望時，常受到自己的理性（按：即是本心真性）督責限制，有時雖可得滿足欲求，但自己會寧願放棄，亦常會對欲求加以限制，使其不致過度。〔註28〕

由於生理欲望的實現有上述種種限制，是「求在外」的事情，是人所不能自己作主的，所以「君子不謂性也」──君子不在此說「性」，不以生理欲望、自然本能爲人之所以爲人的眞性所在，而於此著重在「命」之限制義。若於此特重生理欲望而以之爲「性」，「則唯一的後果便是助長人之藉口而縱欲敗度而已，是以君子在此重命不重性。」〔註29〕然而君子所謂「性」者何也？乃「仁義禮智根於心」之「道德性」也。

而在「仁義禮智之義理之性（即道德性）方面，則仁之於父子方面之表現，義之於君臣方面之表現，禮之於賓主方面之表現，智之在於賢者身上之表現，聖人之在於天道方面之『體證』；凡此等等皆有命限存焉，並非一往無阻皆能是全盡而無憾者。」〔註30〕的確，仁義禮智在父子、君臣、賓主與賢者中之表現，以及聖人之體證天道，也是有其限制的（命也），這是莫可奈何的，所以孟子也稱之此五者爲「命」。然而「這不是說仁義禮智天道本身是命，而是說它們之能否得其表現，表現得有多少，是命。」〔註31〕父子之間應盡仁，無仁，便不成其爲父子。但往往父慈，子未必孝；子孝，父未必慈，如舜之大孝而遇瞽瞍之不慈；君臣應盡義而未必能盡義，如殷末三仁：微子、箕子與比干之至忠而遇至暴之商紂；而賓主之間應盡禮卻未必能盡禮；賢者應盡智而未必能盡智，如古往今來之聖賢常不能相知，朱子之不知象山，晏嬰之不知仲尼，即著名二例；至於「聖人之於天道，不但體道於身各有偏全之異，行道於世亦有時勢權位之限制，如孔子便不能行道於當世，故見獲麟，曰：『吾道窮矣。』顏淵死，曰：『天喪予！』凡此，皆有無可奈何的限制，所以說『命也』。」〔註32〕但雖然此種種表現與體證有莫可奈何的命限在，然

〔註28〕同註11，頁62。
〔註29〕同註20，頁152。
〔註30〕同註20。
〔註31〕同註20，頁152。
〔註32〕同註8，頁220。

而君子卻不會因此而頹喪，而不肯從事。這是因為此種種表現與體證皆原是性分中所應當盡之事，皆是本心所不容已地而要求實現的。是故瞽瞍之不慈而舜盡其孝（仁），紂之不賢而三仁盡其忠（義），道之不行也而孔子知其不可而為之。就每個人自身而言，他之實現仁義禮智或體證天道，乃是可自我作主而無待於外的（按：此意可由前文論「性」之三義之第(3)得知），此即是「有性焉」（按：當然，就其落實於人我或群體之間而言其「表現成效」時，則不是人可自由作主的，這是有限制的，是「命」），所以「君子不謂命也」——君子在此種種方面不重在說「命」，而重在說「性」之不容已。

　　從以上的討論可知：孟子說「命」是重在其限制且人不能自我作主之義；說「性」，則是重在其不容已而人可自我作主之義。而自生理欲望之「君子不謂性也」看，則孟子顯然以生理欲望為「命」，這是因為孟子的這段話只在揚顯與釐清「性」與「命」這兩觀念，而仁義禮智（即「本心」）等孟子以之為「性」，那剩下的生理欲望當然是「命」了。於此，我們可以很明顯地看出：仁義禮智等之「性」與生理欲望之「命」兩觀念之間，有一分別標準，即：

　　其實現是否人人可以自己作主而無待於外？若是，則為「性」；若否，則為「命」。

　　徐復觀先生在《中國人性論史・先秦篇》中，亦嘗論及此意，他說：

　　　　孟子有時也依照一般的觀念而稱生而即有的欲望為性，但他似乎覺得性既內在於人的生命之內，則對於性的實現，便應當每人都能夠自由作主，而異於禽獸的幾希，既可表示人之所以為人之特性，其實現又可以由人自身作主，所以孟子只以此為性。但生而即有的耳目之欲，當其實現時，須有待於外，並不能自己作主，於是他改稱之為命，而不稱之為性。所以他對於命與性的觀念，是賦了新地內容……。〔註33〕

又說：

　　　　當時一般人把耳目之欲等稱為性；孟子以為此類耳目之欲，在生而即有的這一點上，固可稱之為性；但當其實現時，則須「求在外」，其權並不能操之在己，所以他寧謂之命，而不謂之性……仁義禮智……孟子以為此等是道德理性……當其實現時，是「求在內」，其主宰性在人之自身，故孟子寧謂之性而不謂之命。由孟子對於命與

〔註33〕同註4。

性的劃分，不僅把仁義之性與耳目之欲，從當時一般人淆亂不清的觀念中，加以釐清，且人對道德的主宰性、責任性，亦因之確立……孟子對性之內容賦予了一種新的限定，與一般人之所謂性，有所不同……。〔註34〕

徐先生將孟子分別「性」與「命」的標準說得很清楚，並認為：孟子此分別，乃是賦予了「性」與「命」這兩觀念新的內容，而與一般人所說不同。生而即有的耳目之欲，即是生理欲望，其實現時人是不能自主的，故孟子稱之為「命」，而不依一般人稱之為「性」；而人禽之辨的幾希，即仁義禮智等，其實現是人可自主的，故孟子稱之為「性」。其實若以孟子自己的話，來說「性」與「命」的分別，則可以說「性」之實現，乃是「求則得之，舍則失之，是求有益於得也：求在我者也」；而「命」之實現，則是「求之有道，得之有命，是求無益於得也：求在外者也」。〔註35〕

而在前文中，我們屢屢提及：「性善說」之「性」，乃人之所以為人而異於禽獸的本質所在，可知：此「性」乃人所獨有而禽獸所無的；而耳目之欲的「命」，乃是人禽所共有的，由此可得「性」與「命」分別的第二個標準，此即陳大齊先生在《孟子待解錄》中所說的：

命與性的劃分……以為人獸共有與否，是其具體標準。凡屬於人所獨有而非禽獸所能共有的，方足稱為性；人與禽獸所同有的，只配稱為命。仁義禮智，為人所獨有，故是性，知覺嗜欲（按：即耳之欲或生理欲望），為禽獸所亦有，故只是命。〔註36〕

仁義禮智，即是「本心」、「四端之心」，乃是人所獨有而禽獸所無的，是人的價值所在，故是「性」；而知覺嗜欲，不僅是人有，同時禽獸也有，乃人獸所共有，並不能表現出人高於禽獸的價值與尊嚴，所以只是「命」，故「性」與「命」這兩觀念的第二個分別標準為：

是否為人獸所共有？共有者為「命」，人所獨有而禽獸所無者為「性」。

討論至此，可知：「性」與「命」之分別，有以上兩個標準。而由此兩標準所決定者，乃「性」與「命」的不同處；然而在此，我們也不禁要問：「性」與「命」，除了有不同處外，是否也有相同之處？

〔註34〕同註4，頁167。
〔註35〕語見《孟子・盡心上》第三章。
〔註36〕參看陳大齊：《孟子待解錄》（台北：商務印書館，民國70年6月二版），頁306。

此問題的答案是肯定的。

在前文中討論到的「四端」與「四體」時，曾說兩者有一共同點，即皆是「生而即有」的，而此「生而即有」的意義乃是很寬泛的。其實此「寬泛」的意義，是指：此「生而即有」，只有形式的規定，而不涉及具體的特殊內容。亦即是說：「四端」與「四體」的同為「生而即有」，乃是形式上的相同，而不論及「生」的特殊內容。若論及「生」的特殊內容（按：此即前文所謂的「嚴格來說」），則「四端」與「四體」是不同的：「四端」之「生」乃固有義，其本身即是終極的，不能再問終極的「四端」自何而來，它本來就是如此的；而四體之「生」乃生物學上的「生」，「四體」乃是來自遺傳，來自父母，背後是有根源的，故在這一層意義說，兩者之「生而即有」是有不同的。而「四體」與耳目口鼻等同屬生理結構，其官能即知覺嗜欲和本能，亦即孟子所說的「命」，顯然是「生而即有」的。與「四體」一樣，知覺嗜欲之「生而即有」的「生」亦是生物學上所謂的「生」，乃是來自遺傳，來自父母的；而「四端」即「性」，故我們可得「性」與「命」之如下比較：

在形式的意義下，「性」與「命」都是「生而即有」的；而在「生」的特殊內容這層意義下，則「性」與「命」之「生而即有」的意義是不同的：「性」之「生而即有」乃固有義，其本身即是終極的；而「命」之「生而即有」乃是生物學的意義，是來自遺傳、來自父母，背後是有根源的。

綜合此比較與前述之由兩標準而決定之「性」與「命」的不同，可得「性」與「命」之異同。此異同如下：

　　同者：在形式的意義下，「性」與「命」同為「生而即有」。

　　異者：1.在「生而即有」的「生」之特殊內容這意義下，則兩者之「生而即有」的意義是不同的：「性」之生而即有乃本來就有、固有的，其本身即是終極的；而「命」之「生而即有」乃是生物學的意義，是來自遺傳、來自父母，其本身不是終極的。

　　　　　2.「性」之實現，乃人可自由作主而無待於外的；而「命」之實現，卻是人不能自由作主而有待於外的。

　　　　　3.「性」是人所獨有而禽獸所無的，是人的價值與尊貴所在；而「命」，卻是人與禽獸所共有的，非人之價值與尊貴所在。

以上即孟子之「性命對揚」。此「性命對揚」所透顯之「性」的諸義，實等同

於前文表詮「性」時之三義也。討論至此，則對於孟子說人性之內容的限定已明，即孟子乃正面地以「本心」來說「性」，而反面地言「性」不是「命」或「性」不同於「命」。既知孟子以「本心」爲「性」，因此，只要了解「本心」的眞實意義，就可以了解「性」的眞實意義了。故以下將正式論述「本心」，而在論述之前，則須先明「本心」爲一眞實呈現。何以如此？以下將說明之。

二、論「本心」爲一眞實呈現

在對「本心」這概念作論述之前，我們首先要問：這概念之所指是否爲一眞實存在的事實？即：「本心」是否爲一眞實呈現？若「本心」不是一眞實呈現，而只是人從大腦中憑空想像出來的概念，則對此概念作論述，無疑只是理智的遊戲；而孟子之由「本心」來說「性」，更屬戲論，是沒有什麼意義的。所以「本心」是否爲一眞實呈現，乃是在論述「本心」前的一先決問題。

其實，對孟子而言，毫無疑問，他是肯定「本心」爲一眞實呈現的。這是因爲孟子本來就是通過盡心而知性，即孟子是通過眞切的道德實踐而證知人之所以爲人的本質的。若「本心」不是一眞實呈現，則他如何能「盡心」？如何能從事「道德實踐」？又孟子之從「本心」來說「性」，其實即是從「本心」之眞實呈現來指證人性，亦即：他說「性」時早已肯認「本心」之存在了。況且在《孟子》一書中說到「本心」眞實呈現的例子，比比皆是。下面所引的文字，即可確切證明在孟子心目中，「本心」是眞實呈現的：

> 孟子曰：「人皆有不忍人之心。……所以謂人皆有不忍人之心者，今
> 人乍見孺子將入於井，皆有怵惕惻隱之心──非所以內交於孺子之
> 父母也，非所以要譽於鄉黨朋友也，非惡其聲然也……。」(《公孫丑
> 上》第六章)

這一段文字，乃是孟子指證「不忍人之心」，即「惻隱人之心」存在的最著名例子。所謂「不忍人之心」，乃是不忍心傷害他人、他物或不忍心見到他人、他物受苦受難的悲憫之心。人不小心在言語或行爲上傷害到他人，或是見到他人受苦痛、受飢寒及受委屈等，都會有不忍不安之心。「此不忍不安之心，實即仁心，亦即人人先天本有的善性。」〔註37〕而孟子則是以人乍見孺子將入於井時刹那呈現的「怵惕惻隱之心」，來詮釋此「不忍人之心」。「今人乍見

〔註37〕同註8，頁198。

孺子將入於井」的「乍見」兩字十分重要：「乍見」是突然猝遇的意思，「乍
見」而生「怵惕惻隱之心」，是表示在此一情況下，「本心」完全沒有「受到
生理欲望的裏脅而當體呈露，此乃心自身直接之呈露」〔註 38〕，乃是「本心」
的當下呈現與自然流露，是不夾雜任何私欲與習氣的，所以孟子說：「非所以
內交於孺子之父母也，非所以要譽於鄉黨朋友也，非惡其聲而然也。」意即：
人「這怵惕惻隱之心的所以會生出來，是沒有其他動機所引發的。他不會為
了要和孺子的父母結交，或博得鄰里的讚譽、或討厭得到殘忍的惡名（按：
此亦可解釋為「厭惡那小孩的哭聲」，請參閱楊伯峻的《孟子譯註》），因而才
生出這惻隱之心，希望去救那孺子的。這即是說：人的乍見孺子將入井而生
出的惻怛不忍之心，完全是純粹的真心流露，並沒有夾雜任何別的動機與目
的的。」〔註 39〕即：此「惻隱之心」的生發乃是純然無私的，故唐君毅先生
說：

> 孟子指證惻隱之心的存在……此中由乍見而有惻隱之心，即見此惻
> 隱之心，為我對孺子入井之直接感應……此種心之直接感應，乃與
> 依於心先有之欲望要求而生之反應不同，亦與依於自然之生物本
> 能，或今所謂生理上之需要與衝動之直接反應不同。凡此諸反應，
> 都是有所為者。亦即為達到人原先之自覺或不自覺之另一種目的
> 者。此正是孟子之言本心時，所要加以揀別開者。故……孟子言「今
> 人乍見孺子將入於井，皆有怵惕惻隱之心」後，立即說明「此非所
> 以納交於孺子之父母也，非所以要譽於鄉黨朋友也，非惡其聲而然
> 也。」如是……為「納交於孺子之父母」，或「要譽於鄉黨朋友」，
> 此便是依於心先有之欲望；如是為「惡其聲」，便可只是依一生物本
> 能或生理上之衝動而生之反應（筆者按：唐先生之解「惡其聲」，意
> 實同於楊伯峻先生之說法，即：厭惡小孩子的哭聲）。在此等處，人
> 之有某反應，只見人在反應之先之「有所為」者，而不能見人之本
> 心之性。只有不是為滿足吾人原先之「所為」，而且直發之感應，乃
> 可見人之本心。而此處之感應，即皆為無私的、公的……。〔註 40〕

唐先生在此將孟子此例所蘊含之義理，說得十分通透且諦當。即「惻隱之心」

〔註 38〕同註 4，頁 172。
〔註 39〕同註 11，頁 69。
〔註 40〕參閱唐君毅：《中國哲學原論・導論篇》（台北：學生書局，民國 75 年 9 月全
集校訂版）一書之第三章第二節〈論孟子之性情心或德性心之本義〉。

的生發，乃是人對孺子將入井之直接的「本心」之感應，而此直接感應乃是無「所爲」的，並不是爲了達成人原先之自覺或不自覺的另一種目的的，所以此直接之感應乃是無私的、公的，乃是「本心」之當體顯露。此意蔡仁厚先生也曾提及：

> 總之，（惻隱之心的生發）不是爲了任何利害的考慮或欲望的驅使，
> 而完全是「眞心呈露，隨感而應」，完全是「良心之直接呈現，天理
> 之自然流行」……。〔註41〕

蔡先生不僅以爲「惻隱之心」的生發，完全是「良心的直接呈現」，更以爲是「天理的自然流行」。如此說來，「良心」不就等同於「天理」了嗎？（按：關於「良心」與「天理」之關係，將於後文論述「本心」時說明，於此暫不論述）

由孟子此例及以上諸先生之說，我們可知：

「惻隱之心」乃是人面對孺子將入於井時，「本心」之直接感應與流露，故可見「本心」乃是一眞實存在的事實，爲一眞實呈現，而且是可呈現於人的生命活動中的。

我們再看下一例：

> 孟子曰：「魚，我所欲也；熊掌，亦我所欲也；二者不可得兼，舍魚
> 而取熊掌者也；生亦我所欲也，義亦我所欲也，二者不可得兼，舍
> 生而取義者也。生亦我所欲，所欲有甚於生者，故不爲苟得也；死
> 亦我所惡，所惡有甚於死者，故患有所不辟也。如使人之所欲莫甚
> 於生，則凡可以得生者，何不用也？使人之所惡莫甚於死者，則凡
> 可以辟患者，何不爲也？由是則生而有不用也，由是則可以避患而
> 有不爲也，是故所欲有甚於生者，所惡有甚於死者。非獨賢者有是
> 心也，人皆有之，賢者能勿喪耳。一簞食，一豆羹，得之則生，弗
> 得則死，嘑爾而與之，行道之人弗受；蹴爾而與之，乞人不屑也……。

（《告子上》第十章）

在這段文字中，孟子對於人的都有「本心」、「羞惡之心」，有非常具體而貼切的描述。首先，他先肯定形軀的生存（生）與良心的理想（義），都是人所想要的。亦即：不論是自然生命的維持，或是義理生命的暢直，都是人所想要追求的，「問題是二者有輕重、本末、主從、大小、貴賤之別。當可以

〔註41〕同註8，頁200。

得兼時，一併可以照顧，那自然不成問題。但當不可得兼時，便要有恰當的選擇。這恰當的選擇便是舍生而取義。為什麼如此選擇才是恰當的呢？乃因我們自然地就會覺得真心的暢直或正義的維護，比一己形軀的生死更為重要。孟子於此用一些經常可見的事實來論證說：『假設人所認為重要的無過於生存，所恐懼的無過於死亡；那麼應該是凡可以有助於維護他一己的生存而免於死亡的事，他都會毫無疑問地去做才對。但事實並不如此，我們明明見到有許多事例，人們是自願放棄那可以得生避死的事而不做。由此我們可以領悟到：人性中的確有比求生避死更為重要的願望在，而且不只是少數聖賢人才有，而是凡人都有的一個普遍事實。』〔註42〕人為什麼在自然生命與義理生命的追求上發生衝突時，會作出舍生取義的選擇？為什麼會自然地認為真心的暢直或正義的維護，比一己形軀的生死更為重要？又為什麼會有比求生避死更為重要的願望在？到底這「選擇」、這「願望」是由何而發？顯然地，能作出此選擇、能發出此願望的，自然是本心真性了。楊祖漢先生認為：孟子在此，是運用對立逼顯的方法，使本心藉著人對私欲的不滿而明白展示出來，他說：

> 人生在世，自然有其維持形軀生存之種種欲求，但這種種欲求，便是人生的全部了嗎？是否人只是一較聰明的動物，永遠只受其感性欲求所驅牽，而永遠不能解脫呢？孟子便……表示義理生命及自然生命之間的衝突，由二者的衝突而對顯出人的生命中有超越於形軀私欲的道德心在……孟子是利用這些夾逼狀態（筆者按：即義理生命與自然生命兩者不可得兼而發生衝突時），而反詰對方，使你自己反求諸心，看自己內在的真實感覺是怎樣的；在這種情況下，任何人在當下都必會冒出其義理的氣概，而拒絕一切感性的欲求（筆者按：在此即指欲生惡死或貪生怕死），甚至殺身成仁，捨生取義，亦在所不惜。我們在理智上並不能了解自己為何會如此，但這種感受，確然是一個時時刻刻都可呈現而自證的事實……。〔註43〕

又說：

> 此是說由人可以由欲義而不求生存，惡不義而不避死亡，可見人是有超乎形軀生理，不受感性欲望的道德心在。這道德心在人的惡不

〔註42〕引自《孟子義理疏解》一書，曾昭旭先生所撰《修養論》，頁148。
〔註43〕同註11，頁2。

　　　義而不避死亡，捨生取義之時最見得分明。〔註44〕

的確，由人之能超越一切感性欲求，甚至殺身成仁，捨生取義，便可指證人
之有道德心、「本心」的存在。而人之有「本心」，並非聖賢才有，而是人人
皆有的，只不過聖賢能時時操存而不喪失而已（賢者能勿喪耳）。但只要是人，
若他能一念自覺，則「本心」必會在其生命活動中呈現，而使他當下超越一
切感性欲求，成為一價值的存在。在這點上，是無分賢庸的，甚至連乞丐也
能如此。故孟子在此段文中便舉了一個例子，以說明「本心」或「羞惡之心」
是一真實存在的事實，是可真實呈現的：「一簞食，一豆羹，得之則生，弗得
則死，嘑爾而與之，行道之人弗受；蹴爾而與之，乞人不屑也。」在生死存
亡的關頭，為什麼過路的人和乞丐看到食物卻不吃？如果「人之所欲莫甚於
生，人之所惡莫甚於死」，那麼他們應該吃才對！甚至應該會搶著去吃。但，
他們卻不吃，甚至不屑接受食物，為什麼？顯然在他們心目中，有比生存更
重要的「部分」在，而這「部分」即是人格的尊嚴，而這尊嚴之感實乃「本
心」所發，乃「本心」之呈現也。由於他們有這人格尊嚴，便自然對不合理
之事產生羞惡甚至反抗。因此，他們厭惡別人給食物時對他們的無禮與蔑視，
他們寧願餓死也不吃。而這厭惡非禮之行的「厭惡」之情，不就是「羞惡之
心」嗎？不就是「本心」的呈現嗎？這不就是「本心」、「羞惡之心」之存在
於人的最確切的證明嗎？

　　由以上討論，可知：在孟子心目中，「本心」乃一真實呈現，乃一真實存
在的事實。而除了上述所引的兩段文字外，在《孟子》書中，指證「本心」
存在的文句尚有多處，如唐君毅先生所說：

　　　如孟子又由「上世有不葬其親者，其親死，則舉而委之於壑。他日
　　　過之，狐狸食之，蠅蚋蛆嘬之，其顙有泚。」（筆者按：引自《滕文
　　　公上》第五章）以指證此泚之自「中心達於面目」，乃不待思惟而發
　　　出，以言人本有孝心。
　　　由「舜之居深山之中，與木石居，與鹿豕遊，其所以異於深山之野人
　　　者幾希」，而「聞一善言，見一善行，則沛然若決江河，莫之能禦也。」
　　　（筆者按：以上兩引見《盡心上》第十六章）以喻人好善之心，直接
　　　隨所聞所見之善行善言，而一無阻攔之表現。
　　　由齊宣王之見牛觳觫而立即不忍，而欲「以羊易之」，指證其有能「保

民而王」之心。（筆者按：齊宣王之事見《梁惠王上》第七章）〔註45〕
由唐先生所說之三例而見人本有孝心、好善之心與「保民而王」之心，其實
此三心仍只是一心，即「本心」也。故人之怵惕「中心達於面目」，舜會聞善
言見善行而沛然莫之能禦，以及齊宣王會不忍牛之觳觫，其實都只是「本
心」之眞實呈現而已。

　　由以上所引的兩段《孟子》原文及唐先生之說，我們可確知：在孟子心
目中，「本心」乃是一眞實存在的事實，即「本心」乃一眞實呈現也。

三、論「本心」

　　在前文中探討性善之「性」的內容限定時，我們已將「本心」點出，並
說「本心」即「性」；而在論「本心」這概念前，我們又指證「本心」爲一眞
實呈現，乃是一眞實存在的事實。在此，我們將正式論述「本心」，對「本心」
這概念，作一詳細的說明，而此論述與說明，又可分爲兩大步驟：

　　第一爲論述「本心」乃是「道德的主體」。

　　第二爲論述「本心」不僅是道德的主體，同時亦可進一步引申說是天地
萬物生化的最高原理，即萬物之本體，唯此本體乃是道德意義的，具有道德
的創造性能，故又可稱爲「道德的本體」。我們在此，也將說明此進一步引申，
乃孟子義理所允許的。

　　以下即對此兩大步驟分別地論述之。

（一）論「本心」為「道德的主體」

　　所謂「本心爲道德的主體」，其義有二：

　　一爲「本心」乃是人的一切道德判斷與道德行爲的根源或發動者，它能
自覺地從事道德判斷與發動道德行爲。

　　二爲人的一切道德判斷與道德行爲所依循之最高標準或法則，即內在於
「本心」或即是「本心」。

　　而所謂的「道德判斷」，其義係指：對人的一切行爲（按：此行爲包括了
內隱的心理歷程與外顯的言行舉止等）或人本身，所作的善惡是非與應不應
該等的價值判斷。例如：我們說某種行爲是道德的或不道德的，或者說某種
行爲是道德上應當或不應當做的，這時，我們便是在行使道德判斷；又如：
我們說某人人格崇高，是個有道德的人，或者我們說他是應該受人尊敬的，

―――――――――――――――――――
〔註45〕同註40。

這時，我們也是在行使道德判斷；又，道德判斷亦可稱之爲「倫理判斷」。在此須注意的是：道德判斷的對象，「一定是人心智正常時發於意志的行爲、行爲者本身及人之心理，所以動物之行爲、瘋子之行爲甚至嬰兒之行爲均非倫理判斷（道德判斷）的對象。」〔註46〕

道德判斷有各種類型，西方的倫理學家法蘭克納（William K. Frankena）曾將它們分成兩大類：第一類是針對某一行爲或某類行爲所作的判斷，譬如：我們判斷某一行爲或某類行爲，在道德上是對的、錯的、義務的或是應不應該被做的，就是此一類判斷；第二類則是針對人本身、人格特性及行爲動機等所作的判斷，譬如：我們「說它們在道德上是善的、惡的、有操守的、邪惡的、負道德上之責任的、該譴責的、聖哲的、卑鄙的等等。」〔註47〕他把第一類稱之爲「道德義務底判斷」（Judgments of moral obligation）；把第二類稱之爲「道德價值底判斷」（Judgments of moral value），並舉了一些例子，來加以說明。以下所列即是這些例子：〔註48〕

倫理底或道德底判斷（假定這些判斷語詞，係採用其道德意義的用法）

1. 道德義務判斷

   （1）個特的，例如：

   　　①我不應該越獄。

   　　②你應該成爲一個傳教士。

   　　③他所做的是錯的。

   （2）普遍的，如：

   　　①我們應該遵守我們的協定。

   　　②愛是道德律的實現。

2. 道德價值判斷

   （1）個特的，如：

   　　①我祖父是個好人。

   　　②查威爾（Xavier. Francis. 1506-52，譯註：西班牙天主教耶穌會之傳教士，世稱印度群島的使徒）是個聖徒。

〔註46〕語見王開府：《儒家倫理學析論》（台北：學生書局，民國77年7月第二次印刷），頁45。

〔註47〕參看法蘭克納（William K. Frankena）著，黃慶明譯：《倫理學》（台北：雙葉書局，民國71年），頁17。

〔註48〕同註47，頁18。

　　③他對他所做的負責。

　　④你該被懲罰。

　　⑤她的品德令人羨慕。

　　⑥他的動機是善的。

　(2) 普遍的，如：

　　①仁愛是一種美德。

　　②嫉妒是個卑賤的動機。

　　③只有聖徒才能原諒這樣子的粗心大意。

　　④理想的善人不喝酒或抽煙。

其實若嚴格來說，此兩類判斷並沒有基本的不同，其所不同者只在判斷的對象而已；而且若就孔孟或正宗儒者的立場而言，對行為所作的道德判斷，「其判斷的最後對象，究竟地說，不是行為的結果或行為本身，而是行為者的動機或根本目的。如果行為結果是善的，而動機不善或與善惡無關，這行為不能算作善行為，其行為者不得名為善人。如：醫生為賺錢救人性命，這是職業行為。如果其動機不為救人，這行為不是倫理（道德）行為，更不是倫理上的善行為，醫生不得因此成為「善人」之名。如果醫生無條件地救人，卻因此人得了癌症，救不活，這醫生仍可稱為善人……所以……，對行為的倫理判斷，其最後的判斷對象是行為的動機，也就是行為者發動行為的『意』。」〔註49〕若行為者發動行為的「意」是純然無私的，而且不去問做了此行為之後有何好處，有何實際效益，只是自覺地該當這麼做就麼做，那麼，不管其行為結果如何，我們說這行為是道德的行為，這行為者是善人。如：醫生之無條件救人，人之乍見孺子將入於井而無條件地即刻往救之，則雖然人與孺子不一定被救活救到，但我們仍說此醫療行為、此往救孺子之行為，乃是道德的行為，而此醫生、此人乃是善人，但若行為發動者的「意」不是純然無私的，不是只問應不應該而是夾雜有其他目的的，那麼，縱使其行為的結果是好的，他仍舊不能被稱之為善人，其行為亦不得被稱之為道德的行為。如：一富有之人捐錢給孤兒院，而其動機乃是為了博取慈善的名聲，則他不是善人，他的行為也不是道德的行為；又如：一人乍見孺子將入於井而往救之，若其往救的動機不純然只是「本心」的惻隱不忍，而是為了「內交於孺子之父母」或「要譽於鄉黨朋友」，則縱使他救了那小孩（孺子），他亦不得被稱

〔註49〕同註46，頁48。

為善人，他之往救的行為，亦不得被稱為道德的行為。

當然，我們這樣說並不表示行為的本身與結果並不重要，也不表示儒者看輕結果。因為，若只是動機善而結果不理想，則人之良心亦會不安的，亦會感到缺憾的。最理想的道德行為，當然是有善的動機、善的行為方式又有善的結果，但問題是：人是一有限的存在，他的善動機並不一定能保證善的結果，而當結果與動機不相符時，我們只好取其重要者而就動機，來論其人其事的道德價值了，這實在是做為一個人的無奈！

對於道德判斷的主體，即有資格有能力而能自覺地施予判斷的主體，歷來，中西各家有不同的說法；但剋就孟子之義理而言，發動與行使道德判斷者，顯然是人的「本心」，而且當本心呈現於人的生命活動中時，便已在行使判斷了。如：人之乍見孺子將入於井時即刻產生怵惕惻隱之心，而就在此心產生的同時，他便會有應該去救的抉擇與判斷，並以救為是，不救為非。這抉擇與是非的判斷，不是很顯然地發自「本心」嗎？又如：人一見到長者便自然生發恭敬之心，而有應該去敬他的抉擇與判斷，並以敬為是，不敬為非。這抉擇與是非的判斷，顯然也是「本心」所自發的道德判斷；又如：人之不食嘑爾與蹴爾之食，便是「本心」見施捨之人的無禮而起羞惡之情（知對方之無禮為非，並惡之），而認為寧願餓死也不應食之，此中知無禮為非並且不食之判斷，也是由「本心」所自發；此外，又如：人之有道德上的是是而非非的表現，亦莫不是由「本心」所發動，故可知道德判斷的主體為「本心」。

「本心」為道德判斷的主體之義既明，以下將再論述「本心」亦為道德行為（德行）的根源與發動者，亦即：「本心」也是道德行為的主體。

在此，我們將「道德行為」的意義規定如下：

凡是人由其道德判斷（此判斷不可夾有任何私欲與目的）所引發的種種「內隱」或「外顯」的表現，即稱為道德行為。

由此規定，道德行為遂有二義可說：

第一義：「內隱」的道德行為。此指意念萌動處的內部之行為，又可稱為「意念心行」（按：此為蔡仁厚先生語）。

第二義：「外顯」的道德行為。此指具體的道德行為，一般所謂的「德行」或「善行」，即指此一義之行為。

而不管是第一義或第二義，都是發自於「本心」的道德行為。在前文中已說：道德判斷，依孟子，乃由「本心」所發。而此又說道德行為，乃由道

德判斷所引發之種種表現，則可知道德行爲之根源或原初發動者乃是「本心」。這樣說合不合孟子義理呢？我們試翻開《孟子》一書，其內文含此意者比比皆是，如：

> 禹、稷當平世，三過其門而不入，孔子賢之……禹思天下有溺者，由己溺之也；稷思天下有飢者，由己飢之也，是以如是其急也。……（《離婁下》第二十九章）

爲什麼禹稷處在政治清明的時代，會表現出「三過其門而不入」的偉大行爲？顯然這行爲的發動者是「本心」、是「惻隱之心」。「思天下有溺有飢者，由己溺之飢之」，實在是禹稷惻隱之心的呈現。而一呈現，便不容已的發而爲道德行爲，希望天下之民皆能各遂其生、各得其所。此意即孟子所謂的「先王有不忍人之心，斯有不忍人之政矣」之義，皆在說明由惻隱之心或不忍人之心的推擴，可以發而爲偉大的道德行爲與事業也。

又如：

> 昔者趙簡子使王良與嬖奚乘，終日而不獲一禽。嬖奚反命曰：「天下之賤工也。」或以告王良，良曰：「請復之。」強而後可，一朝而獲十禽。嬖奚反命曰：「天下之良工也。」簡子曰：「我使掌與女乘。」謂王良，良不可，曰：「吾爲之範我馳驅，終日不獲一；爲之詭遇，一朝而獲十。詩云：『不失其馳，舍矢如破』，我不貫與小人乘，請辭。」御者且羞與射者比，比而得禽獸，雖若丘陵，弗爲也……。（《滕文公下》第一章）

爲什麼王良會在趙簡子的面前，請辭替嬖奚專門駕車的職務？就算替嬖奚駕車能得到多如丘陵般的禽獸，他也不肯幹，爲什麼？

原來王良之所以會有這種行爲，乃是由其「本心」的道德判斷所致。「本心」是能知是知非、知善知惡，同時又能是是非非、好善而惡惡的。能知是非善惡，孟子稱之爲「是非之心」；能是是非非與好善而惡惡，孟子則稱之爲「羞惡之心」。雖分說爲是非與羞惡之心，其實仍只是一心，仍是「本心」。由於嬖奚爲小人（按：其實嬖奚之爲小人，仍只是王良由其本心所發之道德判斷的結果），因此王良以同他合作爲羞恥之事（御者且羞與射者比），而「不貫與小人乘」。此即王良由其「本心」作道德判斷而以嬖奚爲小人、爲非、爲惡，並同時非非而惡惡，故表現出請辭駕車之行爲。由此例可知：王良之此種道德行爲，其實乃是由「本心」所引發所致的。

由以上的討論，可知：依孟子，人之道德行爲確實乃「本心」所自發。但以上兩例中所論之行爲，顯然側重於道德行爲之第二義，故我們仍可再問：第一義的道德行爲，果眞亦由「本心」所自發？孟子之義理是否含有此義？

欲解答此兩問題，首先，我們將引王陽明「知行合一」之說，來對此第一義的道德行爲作個義理上的說明。《傳習錄上》載：

> 愛曰：「如今人儘有知得父當孝，兄當弟者，卻不能孝，不能弟。便是知與行分明是兩件。」
>
> 先生曰：「此已被私欲隔亂，不是知行的本體了。未有知而不行者。知而不行，只是未知，聖賢教人知行，正是要復那本體，不是著你只恁的便罷。故大學指箇眞知行與人看，說『如好好色，如惡惡臭』。見好色屬知，好好色屬行。只見那好色時，已自好了，不是見了後，又立箇心去好；聞惡臭屬知，惡惡臭屬行，只聞那惡臭時，已自惡了，不是聞了後，又立箇心去惡……又如知痛，必已自痛了，方知痛；知寒，必已自寒了；知饑，必已自饑了。知行如何分得開？此便是知行的本體，不曾有私意隔斷的。聖人教人，必要是如此，方可謂之知；不然，只是不曾知，此卻是何等緊切著實的工夫。如今苦苦定畏說知行做兩箇，是什麼意？某要說做一箇，是什麼意？若不知立言宗旨，只管說一箇兩箇，亦有甚用？」

又載：

> 知者行之始，行者知之成。聖學只一箇工夫，知行不可分作兩事。

又《傳習錄下》復載：

> 問知行合一。先生曰：「此須識我立言宗旨。今人學問只因知行分作兩件，故有一念發動，雖是不善，然卻未曾行，便不去禁止今說箇知行合一，正要人曉得一念發動處，便是行了。發動處有不善，就將這不善的念克倒了，須要徹根徹底，不使那一念不善潛伏在胸中，此便是我立言宗旨。」

由以上的三則引文，可知：王陽明所謂「知行合一」的「行」，並不是指具體而外顯的道德行爲，而是偏重在意念萌動處的內部行爲，此即「意念心行」，故王陽明說他的「知行合一」「正要人曉得一念發動處，便是行了。」一念發動，有善有惡，而「良知」（即「本心」）自然知之，這是「知」；而就在善惡一念萌動的當下，「本心」就已好善而惡惡了，這也就是「行」了，所以「知

與行是同時並起的，是即知即行的。」〔註50〕故陽明又舉《大學》之言，以指證「知行合一」：「見好色屬知，好好色屬行。只見那好色時，已自好了；不是見了之後，又立箇心去好」；同理，聞惡臭與惡惡臭的情形也是如此，在聞惡臭的同時便已惡惡臭了，知與行根本是一；而陽明所謂的知是非善惡之「知」，其實就是「本心」的道德判斷；所謂的好善惡惡之行「行」，其實就是孟子所說的「羞惡」，就是第一義之內隱的道德行為，也就是「意念心行」。故由「即知即行」，我們可說：「本心」的道德判斷自身，其實就是內隱的道德行為了。或者說：「本心」之知是知非的判斷，其實就是道德的活動了。故剋就第一義之道德行為而言，說它是由道德判斷所「引發」亦只是虛說，其實它就是道德判斷自身之活動。但若真知「即知即行」之旨，則說它是由道德判斷所「引發」亦未嘗不可。而道德判斷乃是「本心」所自發，所以內隱的道德行為，當然也是由「本心」所發動的了。

又，孟子之義理是否含有此義？當然有。孟子明說「是非之心」、「羞惡之心」人皆有之，才知是非，便已羞惡了，是非羞惡一體呈現，皆「本心」所自發。如前文所舉之王良請辭駕車之例，即含此義，又如人之不食嘑爾蹴爾之食亦含此義，而此中的「羞惡」即是內隱的道德行為，即是「意念心行」，故可知：依孟子，第一義之道德行為，亦由本心所自發也。

討論至此，不僅人所有的道德行為是「本心」所自發，同時所有的道德判斷，亦皆發自「本心」。「本心」能自覺地從事道德判斷而知是非善惡，則它是人生命內部的法官，也是倫理道德的裁決者；「本心」又能自覺地依其判斷而引發道德行為，則它是人生命內部的檢察官，也是倫理道德的執法者。依此，則「本心」具有倫理道德的裁決與執法者雙重身分。而且，由於「本心」能自覺地發動道德判斷（裁決）與道德行為（執法），故裁法與執法的動力、動能亦由它來。然而，我們要問：「本心」的裁決與執法，所依循的標準或法則何在？又此標準與法則自何而來？

首先，我們必須明曉：「本心」的裁決與執法，所依循的標準或法則是相同的，即道德判斷與道德行為，所依循的標準或法則是相同的。這是因為道德行為之產生，乃由判斷所引發，乃在執行判斷（的命令），故行為的依循標準，當然等同於判斷之標準。而此共同的標準或法則，即是所謂的「道德法

〔註50〕參見蔡仁厚：《王陽明的哲學》（台北：三民書局，民國72年2月修訂初版），頁46。

則」，乃是「道德之理」，是屬於價值規範意義下的「理」。

關於道德判斷的標準，以及此標準的來源，歷來中西各家說法不一，但依孟子的義理，人的「本心」不僅會從事道德判斷，同時判斷所依循的標準——最高標準，原本就在「本心」之中，或即是「本心」自己。「本心」會依人所處之各種不同的境遇，而有不同的表現：見孺子將入井即生惻隱，見父兄即生恭敬，見子女即生慈愛，遇嘑爾、蹴爾之食即起羞惡，遇牛之觳觫而立即不忍，該惻隱自惻隱，該羞惡自羞惡，該恭敬即恭敬，當是非即是非。而由於人所遇的環境無數，故「本心」相應之表現亦無數也。不可謂「本心」只有惻隱、羞惡等四端之表現。而「本心」之所以能如是表現，乃在於它本是一靈明活潑的價值自覺能力，即「本心」乃能自覺而靈活地樹立或給出道德的價值標準，而能為一切價值詞語意義之根源者。這靈明活潑的價值自覺能力，具有牟宗三先生所說的下列兩大特質：〔註51〕

1. 覺

不是感官知覺或感覺（Perception or Sensation），而是俳惻之感，即《論語》所說的「不安」之感，亦即孟子所謂的「惻隱之心」或「不忍人之心」。有「覺」，才可有「四端之心」，否則便可說是麻木。中國成語「麻木不仁」，便指出了仁的特性是有「覺」而不是麻木。一個人可能在錢財貨利方面有很強烈的知覺或感覺，但他仍可能是麻木不仁的，儘管他有多麼厲害的聰明才智。那是因為「覺」是指點「道德心靈」（Moral mind）的，有此「覺」才可感到「四端之心」。

2. 健

是《易經》「健行不息」之「健」。《易經》言「天行健，君子以自強不息」。所謂「天行健」可說是「維天之命，於穆不已」的另一種表示方式。君子看到天地的健行不息，覺悟到自己亦要效法天道的健行不息。這表示我們的生命，應通過「覺」以表現「健」，或者說，要像天一樣，表現創造性，因為天的德（本質）就是創造性本身（筆者按：創造性本身即是天道、天命、創造真幾，亦即是道體，關於本心與道體的關係，將於後文論述之）。至於「健」字的含義，當然不是體育方面健美的健，而是純粹精神上的創生不已。

牟先生此說，原本是在說明孔子的「仁」，但由於：

〔註51〕同註9，頁35。

(1) 孔子之說「仁」，乃是從人內心之安不安來指點，如宰予問三年之喪且欲短其喪，而孔子謂其不仁。

(2) 孟子之說「本心」，乃承繼孔子之「仁」義，乃根據孔子的「仁」而轉出的，〔註52〕如孟子說「仁，人心也」即是一例。

所以牟先生此說，實可當成是「本心」的兩大特質。而牟先生之說「覺」為惻隱之感，其實只是「覺」的一種表現，「覺」也可以表現為羞惡之感、是非之感及恭敬之感等。然不管「覺」表現為何種之感，就其本質而言，「覺」只是一種道德明覺，只是一道德感。有「覺」（「本心」有感應），才會呈現四端之心，才會從事道德判斷，才會發動道德行為。而「本心」一「覺」，即自發判斷標準，並當下依此標準而從事道德判斷，而且在判斷的同時，就涵有一要求，要求我們相應於「本心」的判斷去執行貫徹，去實現一合理的道德行為。在此，「本心」之「覺」，給出判斷標準、從事判斷與此要求，都是當下一體呈現的。而此判斷的標準或法則，即道德的最高標準、道德之理。在孟子，分解地說成「仁」、「義」、「禮」、「智」等；總括地說則為「仁」，亦即是「本心」。即在孟子，道德法則或判斷標準乃「本心」所自發，不，就是「本心」自身，同時「本心」在給出法則或判斷標準時，便含有一要求，此要求即「本心」之命令，命令人依法則的方向去完成一道德行為。因為「本心」是道德判斷的最高標準，所以它只發動判斷，而不接受判斷。孟子說：

> 惻隱之心，仁也；羞惡之心，義也；恭敬之心，禮也；是非之心，智也。仁義禮智，非由外鑠我也，我固有之也，弗思耳矣……。（《告子上》第六章）

> 君子所性，仁義禮智根於心。（筆者按：此即仁義等內在於心）（《盡心上》第二十一章）

又說：

> 故凡同類者，舉相似也，何獨至於人而疑之？聖人，與我同類者……至於心，獨無所同然乎？心之所同然者何也？謂理也，義也，聖人先得我心之所同然耳。故理義之悅我心，猶芻豢之悅我口。（《告子

〔註52〕此孟子之說「本心」乃根據孔子的「仁」而轉出之義，當代學者多有論之，而牟宗三先生論述尤詳。欲明此義，可參看牟先生所著之《心體與性體（一）》（台北：正中書局，民國76年5月初版）的綜論部分、《中國哲學的特質》的第九講與《宋明理學演講錄（二）》（收入《鵝湖月刊》第一五七期）一文等。

上》第七章）

仁義禮智等，爲道德判斷的最高標準，而孟子又指出它們就在人的「本心」中，或即是本心自身，不是由後天等因素而得來的。仁義禮智等就是道德的標準、就是理，就是法則，除此之，別無其它道德上的標準、理與法則。「本心」自然知是知非，好善惡惡，這就是道德判斷的最高標準，不可在「本心」之外，再去尋求其它道德標準；但雖然仁義禮智等道德之理內在於本心或即是本心自身，可是對於人而言，它們卻有客觀的普遍性，是人人皆有、人人皆同的。此在孟子則稱之爲「人皆有之」與「心之所同然者」，而聖人之所以爲聖人，也不過是他與你我同類，同時先比我們早體現與擴充此仁義禮智之心罷了。而此心之所以人人皆有皆同，乃在於孟子之說本心乃是以「理」言的，是指超越意義之自覺能力，而不是指著經驗心。若就經驗心而言，「心」自是如萬象之紛殊，人人可不必相同；但若就超越意義的價值自覺而言，則無論表現於何人之生命活動中，本身皆無不同可說，所不同者都在經驗性的一面上。孟子此「心之所同然」、仁義禮智內在於心，在象山，則稱之爲「心即理」，「心同理同」，象山云：

> 心只是一個心。某之心，吾友之心，上而千百載聖賢之心，下而千
> 百載復有一聖賢，其心亦只如此……。（《象山全集》，卷三十五〈語
> 錄〉）

由於本心乃超越意義的價值自覺，乃是道德之「理」，故千古上下聖賢，人同此心，心同此理。象山又云：

> 孟子曰：「心之官則思，思則得之，不思則不得也。」又曰：「存乎
> 人者，豈無仁義之心哉？」又曰：「至於心，獨所同然乎？」又曰：
> 「君子之所以異於人者，以其存心也。」又曰：「非獨賢者有是心也，
> 人皆有之，賢者能勿喪耳。」又曰：「人之所以異於禽獸者幾希，庶
> 民去之，君子存之。」「去之」者，去此心也，故曰：「此之謂失其
> 本心」；「存之」者，存此心也，故曰：「大人者不失其赤子之心也。」
> 四端者，即此心也。「天之所以與我者」，即此心也。人皆有是心，
> 心皆具是理，心即理也。故曰：「理義之悅我心，猶芻豢之悅我
> 口。」……（《象山全集》，卷十一〈與李宰書〉）

又云：

> 蓋心，一心也；理，一理也。至當歸一，精義無二。此心此理實不

容有二。故夫子曰：「吾道一以貫之。」孟子曰：「夫道一而已矣。」
又曰：「道二，仁與不仁而已矣。」如是則爲仁，反是則爲不仁（筆
者按：此即表示本心實爲道德判斷之最高標準，合此標準者爲仁，
不合者爲不仁）。仁即此心也，此理也。「求則得之」，得此理也；「先
知」者，知此理也；「先覺」者，覺此理也；「愛其親」者，此理也；
「敬其兄」者，此理也；「見孺子將入井而有怵惕惻隱之心」者，此
理也；可羞之事則羞之，可惡之事則惡之者，此理也；是知其爲是，
非知其爲非，此理也；宜辭而辭，宜遜而遜者，此理也；敬此理也，
義亦此理也；內此理也，外亦此理也……孟子曰：「所不慮而知者，
其良知也；所不學而能者，其良能也。」「此天之所與我者。」「我
固有之，非由外鑠我也。」……此吾之本心也。所謂安宅、正路者，
此也；所謂廣居、正位、大道者，此也。（《象山全集》，卷一〈與曾
宅之書〉）

象山對「心即理」的闡述，真是明暢清晰，痛快淋漓！尤其是徵引《孟子》
原文，當真是隨手拈來，開口即得，可見他對孟子義理之精熟。所謂的「心
即理」，並非指著「本心即於理而合理」，而是「本心就是理」的意思。這是
表示「本心」自具理則性，「本心」自身即是道德的法則，即是道德判斷的最
高標準，亦即表示「本心」乃是一切道德價值標準之根據。若藉康德之說，
此「心即理」之義，蓋等同於「意志之自律」，而且足以具體而真實化意志之
自律。所謂「意志之自律」，康德解釋說：

意志底自律就是意志底那種特性，即因著這種特性，意志對於其自
身就是一個法則（獨立不依于決定底對象之任何特性而對于其自身
即是一法則）。〔註53〕

康德此處所說的意志，乃是意志的理想與純淨狀態，乃是他所謂的「善意」
（Good Will），亦即是孟子、象山所謂的「本心」，唯孟子、象山的「本心」
乃一真實呈現，而康德的善意卻是一「設準」，其實若落實了，則「善意」即
「本心」。而意志底自律，即意志對其自己即是一法則，亦即「決定意志的那
法則不是由外面來的，乃即是意志本身之所自立，自立之以決定其自己……
此即是意志之自發的立法性以及以此所立之法決定其自己之自律性。意志能

〔註53〕見牟宗三譯著：《康德的道德哲學》（台北：學生書局，民國72年10月再版），
頁85。

爲其自己立法，亦甘願遵守其自己所立之法而受其決定。」〔註54〕依此，我們可說：由於意志之自律性，即顯示出它是倫理道德的立法者，或它本身即是法則；但由於「善意」在康德只是一「設準」，不能在人的生命活動中眞實呈現，故意志之自律亦將掛空，在現實上成爲不可能，而只是一理上之當然。故我們前說：「心即理」之義，足以具體而眞實化意志之自律也。

由象山之「心即理」與康德之「意志自律」，來說明孟子之「本心」，可得：「本心」自具理則性，它能自發道德法則，即道德判斷的最高標準，即仁義禮智諸道德之理；或「本心」自身即是理則、道德法則與判斷標準等。因此，「本心」乃倫理道德的立法者。以是，只要我們能存養「本心」，擴充「本心」，則由其自覺自律，便自然能夠純亦不已地起作用，而表現出道德判斷與道德行爲了。故象山說：「敬其兄」、「愛其親」、「可羞之事則羞之，可惡之事則惡之」、「宜辭而辭、宜遜而遜」等，是此心此理之表現。又說：「苟此心之存，則此理自明，當惻隱處自惻隱，當羞惡、當辭遜，是非在前自能辨之……當寬裕溫柔自寬裕溫柔，當發強剛毅自發強剛毅，所謂溥博淵源而時出之。」〔註55〕可知「本心即是道德價値的根源，只要開發這個本源，就如『溥博』之淵泉，而能『時出』之，世間萬象亦便自然由此流出，而沛然莫之能禦之。」〔註56〕

又，「仁義禮智根於心」、「仁義內在」及「心即理」之意，並非謂「本心」是由許多道德之理集合而成，即「本心」並不是眾理之集合；而是說「本心」乃一靈明活潑之主體，它永遠表現「覺」與「健」，而隨著人日常生活之所遇，自發出各種不同的「理」或價値規範與標準，如仁義禮智等。又「心即理」之「理」既指價値規範或道德標準，則它一定是規範意義的道德之，也只能是規範意義的道德之理，而不能是規律意義的「物理」或其它之理也。

由以上的討論，可知：「本心」：

一爲人的一切道德判斷與道德行爲之根源或發動者，故它爲倫理道德的裁決者與執行者。

二爲一切道德判斷與道德行爲，所依循的最高標準或法則所在；或者此

〔註54〕見牟宗三：《從陸象山到劉蕺山》（台北：學生書局，民國68年8月初版），頁11。

〔註55〕語見《象山全集》，卷三十四〈語錄〉。

〔註56〕見蔡仁厚：《宋明理學・南宋篇》（台北：學生書局，民國72年9月增訂再版），頁236。

最高標準與法則即由它所自發，故它亦爲倫理道德的立法者。

總而言之，「本心」乃是「道德的主體」也。

「本心」爲「道德的主體」之義既明，以下即再論述「本心」亦爲「道德的本體」之義。

（二）論「本心」爲「道德的本體」

我們在此，將論述「本心」不僅是「道德的主體」，同時也是天地萬物生化的最高原理，即萬物之本體也。唯此本體乃是道德意義的，具有道德的創造性，能而能賦予、點化萬物以道德價值，故實可稱爲「道德的本體」。同時人之證知此本體，乃是通過恆常的心性修養與道德實踐而得，而非憑空臆測或由理智思考而得知的。在此，我們也將指出：說「本心」爲「道德的本體」，乃是孟子義理所允許的。

我們在前文中已說：本心乃是指超越意義的自覺能力或價值自覺，乃是道德的主體。其實，若單就「主體」一辭而言，其所指不必是超越或形上義的。如人之認知主體（認知心）即非形上超越的；但若一提及「本體」，則一定是超越及形上義的，同時也是根本義與究極義的。蓋本體乃是指「天地萬物或自然宇宙萬物之所依，或所由以生以變化，或所依據之共同的究極原理。」（註57）亦即是現象界一切存有及一切活動之最高根據也；而且此究極原理、最高根據，乃可在天地萬物、自然宇宙之上、之先而自己存在者。同時，對「現象」而言，說本體與現象（按：西方哲人多説此義）；對「用」而言，說體用，即體即用；對「工夫」而言，說本體與工夫，而且即本體即工夫（按：以上兩義乃中國聖哲所常言）；然而不論本體對何者而言，本體自身總是形上、超越、根本與究竟義的。

又單就「本心」爲道德的主體而言，則它只有相對的普遍性，只適用於人這個種類，即只有對人類而言，「本心」是人人皆有，是心同理同的，但它不能推擴到其他存在物去，說每一存在物皆有本心。此時我們可說：人禽之辨或人爲萬物之靈，乃在於人有「本心」，而其他存在物沒有，亦即在眾生或萬有之中，「只有人類有這個特點：只有人類有應當不應當的意識，而這個應當的意識發自良知（本心）。如此一來，良知只應用於人類，人類有良知的唯一作用是在說明『應當』，作爲『應當』之可能性的基礎。要是沒有良知，『應

〔註57〕見唐君毅：《哲學概論（上）》（台北：學生書局，民國74年10月全集校訂版），頁95。

當』表示不出來。」〔註 58〕貓犬雞鴨、草木瓦石因沒有良知本心，所以沒有應當不應當的意識，而只是順著生物本能或自然律在活動或運行。在此，若「本心」只為「道德的主體」，則它只涉及「應當」，而不涉及「存在」，即它不須負責天地萬物的存在，不必為天地萬物的超越根據；但若「本心」為「道德的本體」，則它便具有絕對的普遍性，是適用於一切存在物的。這時我們可說「本心」是一切存在物的超越根據，是天地萬物的「創造本體」，是遍在、遍潤一切存在物的。唯此「創造本體」之「創造」義，乃是道德價值的創造，而不同於耶教之上帝的無中生有之創造義；且此「本體」之性質，亦不同於西哲所說之觀解的形上學中之本體；而是透過道德實踐，所證成之道德的形上學中之「即存有即活動」的創生實體（按：此義將於後文論述之）。於此，則「本心」不僅涉及「應當」，同時也涉及「存在」，是要負責天地萬物之「生得其所」的。而在此義之「本心」下，我們對人禽之辨或人為萬物之靈便有兩種說法：

1. 「本心」雖遍在、遍潤天地萬物而為創造本體，但宇宙間卻只有人類可以吸收此創造本體到自己的生命中，來作為自己的「性」，而其他萬物則不可。即此創造本體，對人而言，是既超越又內在的；但對萬物而言，卻只是超越地為其體罷了。

2. 雖然物物皆有本心或草木瓦石亦有良知（陽明語）（按：物皆有本心或良知，即顯本心之絕對普遍性，不單是人類才有，此時本心乃內在於萬物之中），但其本心良知乃是潛隱的，原則上是不能覺用的，而人之本心良知，卻是時時刻刻可明覺呈現的。

由以上二義，亦可說人禽之辨，亦可顯出人是一價值的存在，而其他萬物卻不是，故人實為萬物之靈。

然而「本心」何以可由「道德的主體」義，引申而為「道德的本體」義？又孟子之義理，可否容許此一引申？以下將論說之。

在前文中，我們已說「本心」具有兩大特性：「覺」與「健」。「覺」乃是指道德明覺、道德感；「健」則是指純粹精神的健動不已。在此，我們將藉牟宗三先生說孔子之「仁」義來說「本心」，並藉其說而從上述「本心」的兩種特性，作進一步的論述。即，我們可以這樣描述「本心」：

〔註 58〕語見牟宗三：《宋明理學演講錄（一）》一文，收入《鵝湖月刊》（台北：鵝湖月刊雜誌社，民國 77 年 6 月出版），第一五六期。

本心以感通爲性，以潤物爲用。

「感通是生命（精神方面的）層層擴大，而且擴大的過程沒有止境，所以感通必以與宇宙萬物爲一體爲終極，也就是說，以『與天地合其德，與日月合其明，與四時合其序，與鬼神合其吉凶』爲終極。潤物是在感通的過程中予人以溫暖，並且甚至能夠引發他人的生命，這樣的潤澤作用，正好比甘霖對於草木的潤澤。」〔註59〕此意蔡仁厚先生亦曾述及：

> 這樣的感潤作用，正如甘露對草木的潤澤，它潤澤到那裏，就能誘發那裏的生機，使它有生意，能生長。所以感潤也可名曰「覺潤」，而覺潤亦即是創生——。橫説是覺潤，縱説就是創生。綜結覺潤與創生而言，「仁」固然是仁道，亦是仁心。仁心就是我們不容已的「道德的本心」，是觸之即動，動之即覺，活活潑潑的，這亦就是我們的眞實生命。這仁心遍潤一切，遍攝一切，而與物無對：所以仁心的感通覺潤不能劃定界線，不能説只可與此感通而不許與彼感通，亦不能説只可覺潤到此而不許覺潤到彼：説到極處，必然以「與天地合其德，與日月合其明，與四時合其序，與鬼神合其吉凶」爲終極，此時，仁心之不容已（純亦不已）遂與「於穆不已」之天命流行之體通而爲一。〔註60〕

「於穆不已」的天命流行之體，即是宋儒所言之「道體」、「神體」或「寂感眞幾」等，乃是指著天地萬物之本體而言。而由牟先生及蔡先生之説，我們可知：「本心」之所以能由道德的主體義引申而爲道德的本體義，而與天命流行之體通而爲一的原因，乃在於：「本心」之感通與覺潤是可以無界、線無止境的，而且此無止境的感潤，即是無止境的創生，既是無止境的創生（萬物），則説到極處（按：當然，説「極處」也只是爲了言説的方便，並不是眞有一點或一處是極處），「本心」（仁心）必然是以「與天地合其德，與日月合其明，與四時合其序，與鬼神合其吉凶」（《易傳・乾文言》）爲終極，必然是「以與宇宙萬物爲一體」爲終極的。此時，「本心」即是天命流行之體，即是道體，即是天道，即是萬化之本體也。只是「本心」之爲本體（稱之爲「心體」），乃是透過人的道德實踐而主觀地説，而道體、天命流行之體，卻是客觀地説而已！

〔註59〕同註9，頁36。
〔註60〕同註8，頁80。

　　透過人之道德實踐，而證知「本心」爲萬化之本體，是說：若人能夠時時從事道德實踐，則其本心仁心必能層層擴大，而不斷地覺潤萬物，不斷地覺潤萬物即是不斷地創生萬物，亦即是無止息地點化萬物、賦予萬物以道德價值，而使其皆能「生得其所」。而當人之道德實踐達到義精仁熟之境，亦即其生命精純到無以復加而臻聖人之境時，此時他便可證知人之「本心」乃是「涵萬德、生萬化」的，所以「本心」一方面是「道德的主體」，一方面又是宇宙萬物的創生原理，故本心即「天心」，即是「天」。此在明道，則稱之爲「只心便是天」；〔註61〕在橫渠，則稱之爲「大其心，則能體天下之物」、「天體物不遺，猶仁體事無不在也」；〔註62〕在五峰，則稱之爲「心無不在，本（按：相應義）天道變化，爲世俗酬酢，參天地，備萬物」；〔註63〕在象山，則稱之爲「心之體甚大，若能盡我之心，便與天同」〔註64〕、「宇宙便是吾心，吾心即是宇宙」，〔註65〕皆是表示人之由道德實踐，而證知本心之絕對普遍性而與天同；此時聖人之生命，乃是精誠感通而與天、與物、與人不相隔的，此之謂「天人合一」、「物我合一」與「人我合一」也。總而言之，則是「人與天地萬物爲一體」也。故明道曰：「學者須先識仁，仁者渾然與物同體。」〔註66〕陽明亦云：「大人者，以天地萬物爲一體者也。」又云：「大人之能以天地萬物爲一體也，非意之也，其心之仁本若是其與天地萬物而爲一也。」〔註67〕此由人之道德實踐，而證知本心爲萬化之本體義，唐君毅先生亦曾論及，他說：

　　　　中國形上學，在本體論方面之主張……是與人生之實踐論不相離的。

　　　　換言之，即以形而上之存在，須以人生之修養工夫去證實。〔註68〕

剋就正宗儒家義理而言，此「形而上之存在」即是道德的本體，即是客觀說的道體、天道、天命、天理或性體等，或是主觀說的心體，而此「人生之修養工夫」，則是指心性之涵養擴充及道德實踐，故儒者之證知此本體，乃是由道德的進路而證知的。唐先生又說：

〔註61〕語見《宋元學案》，卷十三〈明道學案上，語錄〉。
〔註62〕分別見於張載《正蒙》之《大心篇》與《天道篇》。
〔註63〕語見胡五峰《知言》。
〔註64〕語見《象山全集》，卷三十五〈語錄〉。
〔註65〕見《宋史》，卷四三四〈儒林列傳〉。
〔註66〕見《宋元學案》，卷十三〈明道學案上・識仁篇〉。
〔註67〕見王陽明《大學問》一文。
〔註68〕參閱唐君毅：《哲學概論（下）》（台北：學生書局，民國74年10月全集校訂版），頁359。

人類唯由道德，乃能自其小我之私欲超出，而於其認識對人間之責
任中，使其心靈日趨擴大，然後方能知天地之大，宇宙之眞，而與
形上之神明境界相接。〔註69〕

唐先生在此以爲：人類只有由道德的進路，方能與形上之神明境界相接。此
意即牟宗三先生所謂「道德的形上學」（Moral metaphysics）之意。所謂「道
德的形上學」，意即「由道德的進路來接近形上學，或形上學之由道德的進路
而證成者。」〔註70〕亦即是由道德實踐之澈至與聖證而成的形上學，所以它
的重點在形上學，這與重點在道德，著重於分析與說明道德之先驗本性的「道
德底形上學」（Metaphysics of morals）不同。牟先生以爲儒者的心性之學或成
德之教，即含有一道德的形上學。而此心性之學或成德之教，若以今語釋之，
則謂之「道德哲學」（Moral philosophy）或「道德底哲學」（Philosophy of
morals），故亦可說儒者之道德哲學，含有一道德的形上學，他說：

> 由「成德之教」而來的「道德底哲學」既必含本體與工夫之兩面，
> 而且在實踐中有限即通無限，故其在本體一面所反省澈至之本體，
> 即本心性體，必須是絕對的普遍者，是所謂「體物而不可遺」之無
> 外者，頓時即須普而爲「妙萬物而爲言」者，不但只是吾人道德實
> 踐之本體（根據），且亦須是宇宙生化之本體，一切存在之本體（根
> 據），此是由仁心之無外而說者，因而亦是「仁心無外」所必然函其
> 是如此者……由此一步澈至與驗證，此一「道德底哲學」即函一「道
> 德的形上學」。〔註71〕

依牟先生之說，儒者之成德之教，所以能函有一道德的形上學，乃在於：人
在道德實踐中，可由有限而通無限，其仁心可無限的感通與擴大，而達至「仁
心無外」之境，而「仁心無外」與「天道無外」是同一的，所以本心仁心不
僅是道德實踐的主體，同時也是宇宙生化與一切存在之本體，故「成德之教」
或「道德底哲學」，即函著一「道德的形上學」。

綜合唐、牟二位先生之說，我們可說：道德即通無限，形上之神明境界
或本體，可由道德實踐而契知、證知。人之道德行爲雖有限，而道德行爲所

〔註69〕同註68，頁362。
〔註70〕見牟宗三：《心體與性體（一）》（台北：正中書局，民國76年5月初版），頁
9。
〔註71〕同註70，頁8。

依據的實體，以成其為道德的行為者，則無有極限。人隨時體現這個實體以成其道德行為之「純亦不已」，便能在有限之中取得無限的意義，有限而無限，〔註72〕心、性、天道通貫為一，即心即性即天，本質是一，內容意義也是一，純是道德的創生實體，這便是儒家的形上神明之境。此時他便證知了道德的形上學，便證知了「本心」不僅只是人之道德的主體，同時也是宇宙萬物之本體，「本心」即「天理」、「天道」也。

然而孟子之義理是否含有此義？孟子所說的「本心」，是否可由道德的主體義而引申為宇宙生化之本體義？

本文的答案是肯定的。

孟子由「本心」講「性」，以為仁義之心性，乃是人之所以異於禽獸的「幾希」所在，乃是人禽之辨所在。如此由人之內在道德心性說性，道德意識是很真切、很強烈的。孟子把道德意識彰顯出來，至於「本心」的絕對普遍性與無限性，則還沒有完全透出，沒有很清楚地表示出來。但雖然孟子沒有很清楚地表示，其義理脈絡卻是向這個地方接近的。這點在《孟子》一書中卻有明顯的表示，如：

> 盡其心者，知其性也；知其性，則知天矣。（《盡心上》第一章）

孟子在此直接開出，由盡心知性而知天的思想宏規。「他由心性道德的肯定，打通了向天的通路。由內在的道德世界，展現了形上世界的可能。」〔註73〕由於在孟子，本心即性，故心性是一；而「知其性則知天」，則在此處，性與天有必然的聯繫，若沒有必然聯繫，則盡人之心性與天有何關聯？孟子雖然沒有明說即心即性即天，未明說心性與天為一，然而他說：

> 誠者，天之道也。（《離婁上》第十二章）

又把「誠」收回到人的道德心性上說：

> 萬物皆備於我（筆者按：「我」即是指道德心性）矣。反身而誠，樂
> 莫大焉。（《盡心上》第四章）

「則心即函一無限的申展，即具一『體物而不可遺』的絕對普遍性，是則本心可與天合一而為一也。能盡其心，則即可知性，是則心之內容的意義與性之內容的意義全同，甚至本心即性……同樣，若知了性，則即可知天，是則

〔註72〕見蔡仁厚：《宋明理學・北宋篇》（台北：學生書局，民國77年2月第五次印刷），頁8。

〔註73〕同註46，頁189。

性之內容的意義亦必有其與天相同處，吾人始可即由知性而知天也。在孟子的語句上似表示心性與天尚有一點距離，本心即性，而心性似不必即天，然此一點距離，一因心之絕對普遍性，二因性或心性之內容的意義有同于天處，即可被撤銷。」〔註74〕故可說心性天是一，本心即同於天道之為萬物的本體也。故程明道云：「只心便是天，盡之便知性，知性便知天，更不可外求。」〔註75〕便表示心同於天之義。

又如：

> 霸者之民驩虞如也，王者之民皞皞如也，殺之而不怨，利之而不庸，民日遷善而不知為之者。夫君子所過者，化所存者神，上下與天地同流，豈曰小補之哉？（《盡心上》第十三章）

君子所過者所以能化，所存者所以能神，即因君子心性的道德創造之純亦不已也。孟子在此以「王者之民皞皞如也……民日遷善而不知為之者」為例，而作具體的徵驗與說明。皞皞乃廣大自得之貌，「王者之民皞皞如也」是說王者（君子）所治理的天下，其人民個個都是悠然安適廣大自得的樣子，人民犯錯被殺了，也不怨恨；得到利益，也不認為應該酬謝；日日向善遷善，也不知道是誰使他們如此。王者的政治，何以能有如此表現？這實在是王者之德化之故也。朱子註云：

> 君子，聖人之通稱也。所過者化，身所經歷之處，即人無不化，如舜之耕歷山而田者遜畔，陶河濱而器不苦窳也。所存者神，心所存主處，便神妙不測，如孔子之立斯立，道斯行，綏斯來，動斯和，莫知其所以然而然也。是其德業之盛，乃與天地之化同運並行，舉一世而甄陶之，非如霸者但小小補塞其罅漏而已。

依朱子之意，君子之所以能所過者化，所存者神，乃在於其德業之盛，是與天地之化同運並行的。其實若更究極而圓融地說，則君子之德即天地之德，君子之化即天地之化，不可離君子之德、君子之化外，別說個天地之德與天地之化。故程明道曰：「只此便是天地之化，不可離此個別有天地之化。」〔註76〕當然，孟子並沒有直接表示此意，而只說「上下與天地同流」——君子之德性生命，上與天、下與地同運並行，即與天地之化同運並行。但由「本心」之感潤無外，

〔註74〕同註70，頁26。

〔註75〕同註61。

〔註76〕同註61。

心大無外，性大無外，則「心性之創造說到其最具體之無邊功化即是天地之化。」〔註77〕故孟子之義理實含有此意，亦可說此究極而圓融義，乃孟子義理所允許的。是故，心即是天，宇宙秩序即是道德秩序，道德秩序即是宇宙秩序也。

由以上的討論，可知：孟子雖沒明白表示心即天，本心是絕對普遍而爲萬物生化之本體，但孟子之義理實含有此義，故我們可說：「本心」由道德的主體而引申爲萬物的本體，乃是孟子的義理所允許的。又，此一本體乃是通過人的道德實踐而證知，純是道德的創生實體而能起道德創造或道德意義的生化，故實可說是道德的本體，亦即是宋明儒者所說的「心體」。

此「心體」或本體義的本心、道德心，牟宗三先生名之曰：「自由無限心」。蔡仁厚先生疏解道：

> 「自由」是表示它不在「主客對列」的限制中，而可以自覺、自主、自由、自律，而儒家所講的道德心且可以自定方向、自發命令以自起道德創造。
>
> 「無限」亦可以從道德心（仁心）之「感潤無隔、覺潤無方」來了解。仁心之感通覺潤不應有界限、有範圍，我們不能說它只能感通到某事物爲止、覺潤到某處爲限，它合內外，通上下，必然要「與天地萬物爲一體」；孟子說「萬物皆備於我」、「上下與天地同流」，已經透露這個意思，而陸象山所謂「宇宙便是吾心，吾心即是宇宙」，更是說得通透。自由無限心「與物無對」……。〔註78〕

蔡先生此處所講的「自由」義，乃是指：「本心」之自覺、自主、自律而不在「主客對列」的限制中活動而言。即此「自由」乃是指：「本心」能自覺地自發命令、自定方向而又自願接受此命令、依循此方向而起道德創造，故此一「自由」義，實等同於康德所言之「意志」的「自由」義，唯康德所言之「意志」的「自由」並非一眞實呈現，而「本心」之「自由」乃一眞實呈現也。此「自由」亦可名之曰「充分的自由」（按：此「充分的自由」義將於第三章論「惡」的來源時論述之）；而此處之「無限」義，乃是通過「本心」之「感通無隔、覺潤無方」而說，即前文所說「本心」由「道德的主體」義引申爲「道德的本體」義之「無限」義也。此「無限」義實乃主觀地說、實踐地說；其實「無限」亦可客觀地就「心體」之爲宇宙本體而說，此時「心體」即「道

〔註77〕同註20，頁137。
〔註78〕見蔡仁厚：《心的性質及其實現》一文，收入《鵝湖月刊》第九十四期。

體」，乃是形上超越之無限存有也。

又此無限存有的「心體」或「道體」，並非只是靜態的爲宇宙萬物之最高根據，而是如牟先生所謂的「即存有即活動」的本體：存有與活動乃是就著心體或道體的兩面說，「活動是道體本身的活動，不是氣化的活動，不是生化的活動。一般人把活動了解作生化，生生不息，因爲道體有活動性，才能引起氣化方面的生生不息。」〔註79〕這活動性要通過「本心」的活動來了解，要通過「本心」的明覺與健動不已來了解，更要通過「本心」之自覺自主自律地起道德創造或帶動宇宙之生化來了解。而且我們不能離開「本心」的活動，而空說「本心」爲宇宙本體、爲一無限存有；反而必須透過此活動，而且就在此活動中，而證知「本心」即爲宇宙本體、爲一無限存有，即在「本心」之活動中而開顯存有，此即謂「即活動即存有」也。故我們可說心體道體乃「即存有即活動」，亦可說爲「即活動即存有」，然要言之，則心體亦存有亦活動，亦活動亦存有也。

由（一）與（二）兩小節的討論，「本心」顯然具有牟先生所謂的下列諸義：心體義、心存有義、心理義及心能義，若再加上前文所論之心性之實現，乃是人人皆可自由作主而無待於外之一義，則「本心」復具牟先生所謂之心宰義。此超越的、形而上的、普遍的本心之五義，牟先生表之如下：

1. **心體義**：心體物而不遺，心即是體。

2. **心能義**：心以動用爲性（動而無動相之動），心之靈妙能起宇宙之創造，或道德之創造，心即是能。

3. **心理義**：心之悅理義即起理義，即活動即存有，心即是理，此是心之自律義。

4. **心宰義**：心之自律即主宰而貞定吾人之行爲，凡道德行爲皆是心律之所命，當然而不容已，必然不可移，此即吾人之大分。此由心之主宰而成，非由外以限之也。

5. **心存有義**：心亦動亦有，即動即有。心即是存有（實有），即是存在之存在性、存在原則：使一道德行爲存在者，即是使天地萬物存在者，心即存有，心而性矣。

凡此五義，任一義皆盡心體之全體；心全體是體，全體是能，全體是理，全體是主宰，全體是存有（實體性的存有）。任一義亦皆通其

〔註79〕見牟宗三：《宋明理學演講錄（二）》一文，收入《鵝湖月刊》第一五七期。

他諸義：心之爲體，通能、理、宰、有而爲體；心之爲能，通體、
理、宰、有而爲能；心之爲理，通體、能、宰、有而爲理；心之爲
宰，通體、能、理、有而爲宰；心之爲有，通體、能、理、宰而爲
有……。〔註80〕

在此須注意的是：牟先生之分「本心」有此五義，乃是由各個不同的觀點或
向度，來論「本心」而成此五義的，並非說「本心」可以分解剖析成此五部
分，然後再由此五部分組合而成本心，因此他才加以說明：「凡此五義，任一
義皆盡心體之全體」、「任一義亦皆通其他諸義」。又牟先生之說此五義，基本
上已將「本心」之實義與特性完整表出，同時亦與本文所論「本心」之義相
符，故在此即以此五義表「本心」之實義；而在孟子，「本心」即「性」，「本
心」既然具上述五義，則「性」當然亦具上述五義，即：性體、性能、性理、
性分（按：由心說主宰，由性說分定，其義一也）及性存有義，但因「本心」
即是靈知明覺，即是價值自覺能力，故性亦可具「性覺義」——性之全體即
是靈知明覺。

　　心性之義既明，以下即正式論述性善之「善」義。

第二節　「善」的意義

　　由上節的論述，我們已知孟子「性善說」之「性」的眞義：本心即性，
心性是一；而在此節中，我們將再論述「性善說」之「善」的意義。若「善」
之義明，則「性善說」之眞義即明矣。

　　由《孟子》一書中論及「善」的許多文句來看，孟子對「善」的觀念，
主要有兩種：第一種是指現實上的恰當或美好。即此「善」概念乃是形容現
實上的人事物的，如他所說的「善政」、「善教」、「善士」、「善言」及「善行」
等詞語中的「善」字即是。這樣說的「善」，乃是與「惡」相對的價值判斷之
形容詞；而第二種「善」，即是孟子所說性善的「善」，乃是扣緊本心眞性而
言的。我們看他如何規定此「善」：

公都子曰：「告子曰：『性無善無不善也。』或曰：『性可以爲善，可
以爲不善：是故文武興，則民好善；幽厲興，則民好暴。』或曰：『有
性善，有性不善：是故以堯爲君而有象；以瞽瞍爲父而有舜；以紂

〔註80〕同註70，頁564。

爲兄之子，且以爲君，而有微子啓、王子比干。』今曰性善，然則
彼皆非與？」

孟子曰：「乃若其情，則可以爲善矣，乃所謂善也。若夫爲不善，非
才之罪也。惻隱之心，人皆有之；羞惡之心，人皆有之；恭敬之心，
人皆有之；是非之心，人皆有之。惻隱之心，仁也；羞惡之心，義
也；恭敬之心，禮也；是非之心，智也。仁義禮智，非由外鑠我也，
我固有之也，弗思耳矣。（《告子上》第六章）

這一段引文，乃是孟子對其性善說之正說。首先，公都子列舉了當時的三種
人性說，並問孟子：「今曰性善，然則彼皆非與？」但可能由於如上節所說：

可因爲每個人看人的角度不同，即人注意焦點之不同，可以偏就某
一面某一點去看人，所以對人性便可以有種種不同的說法或規定。

的原因，所以孟子並沒有指出此三種人性說的謬誤，而只是正面向公都子宣
說其性善之主張，並規定「善」爲：

乃若其情，則可以爲善矣，乃所謂善也。

由這句話，我們可以很明顯地看出：孟子之說性善，乃是由人之可以爲善的
地方來講，同時，在這句話中，包含了以下兩個要點：

　　（一）所謂性善的「善」，並不是指符合一個完美的客觀概念，也不是如
傅佩榮先生所說的：

「善」是兩個或多數主體之間，適當關係之滿全。〔註81〕

而是指人的一種可以爲善（按：此爲善的「善」字與性善的「善」字，兩者
的意義與層次不同）的能力。

　　（二）「這種能力的呈現並不是偶然的，而是若順其本性（按：「乃若其
情」的「若」，訓爲「順」，見趙歧注；「情」則是指「性」，〔註82〕便必然呈
現的。」）〔註83〕

〔註81〕見傅佩榮：《儒家與現代人生》（台北：業強出版社，民國78年6月初版），
　　　　頁7。
〔註82〕歷來持此觀點的學者頗夥，如陸象山云：「且如情性心才，都只是一般物事，言
　　　　偶不同耳。」（《象山全集》，卷三十五〈語錄〉）；牟先生云：「在孟子，心性情
　　　　才是一事……情是實情之情，是虛位字，其所指之實即是心性。」（《心體與性
　　　　體（三）》，頁417，台北：正中書局，民國75年1月初版）；又如岑溢成先生云：
　　　　「『乃若其情』之『情』與『性』爲同義詞。」（見《孟子告子篇之「情」與「才」
　　　　論釋，收入《鵝湖月刊》第五十八期》，皆認爲「情」即指「性」也。
〔註83〕同註3，頁97。

由（一），性善之「善」，似即是指孟子所說的「良能」或即是本心真性之「心能義」與「性能義」；因「良能」即是為善的動能或動力，故「良能」即是「善」；而本心真性全體是能，全幅是道德的創造性能，故亦可說心真性全體，即是「為善的能力」。如是，則「善」之實義即是良能，即是本心真性了。

而由（二），則「善」之呈現乃是必然的。只要人順其本性而欲為善，則其必可為善，而使本心真性之善呈現於其生命活動中，此意即孟子所謂的「求則得之」之意，亦即同於心性之實現乃人可自由作主之意，此「善」之呈現乃是必然的意義，也可以孟子與告子爭辯之「湍水之喻」而說之：

> 告子曰：「性猶湍水也，決諸東方則東流，決諸西方則西流。人性之無分於善不善也，猶水之無分於東西也。」
>
> 孟子曰：「水信無分於東西，無分於上下乎？人性之善也，猶水之就下也。人無有不善，水無有不下。今夫水，搏而躍之，可使過顙；激而行之，可使在山，是豈水之性哉？其勢則然也。人之可使為不善，其性亦猶是也。」（《告子上》第二章）

按：孟子之反駁告子原是要辯明性善之旨的，原是要說明「善」原本就在人性中或即是人之真性，亦即是要明「善」的內在與本然性。但在此，我們亦可就此喻而說「善」之呈現乃是必然的，亦即，只要人順其本性，則人性之善乃是必然呈現的。水之性（水性）乃是自然往下流的，只要水能順其本性而沒有受到外來的強力干擾，如「搏」、「激」等，則它必然是往下流的；同樣的道理，人性本是善的，只要順著此善性而沒有受到外來的強力干擾，如環境的壓迫與習染等，則此「善」必然能在人的生命活動中呈現，即此「善」（為善的能力）的呈現並不是偶然的，而是若順其本性，便必然會呈現的，此意實同於（二）之意也。

由（一）與（二）及「湍水之喻」的討論，我們可知：孟子「性善說」的「善」似即是本心真性；而又由孟子在規定了「善」的意義之後，便接著說「惻隱之心，人皆有之；羞惡之心，人皆有之……惻隱之心，仁也；羞惡之心，義也……仁義禮智，非由外鑠我也，我固有之也」這點來看，則孟子之說「善」，顯然是落實於仁義禮智之心性上說，或即是就本心真性而說。故我們可說：孟子所說的性善的「善」，實即是「性」或「本心」。「善」既然是「性」或「本心」，則它不僅是為善的能力，同時也是倫理道德的最高或絕對

標準，它是「仁」，也是「義」，總之是仁義禮智之心性，故孟子曰：

> 堯舜之道，不以仁政，不能平治天下。今有仁心仁聞而民不被其澤，
> 不可法於後世者，不行先王之道也。故曰：「徒『善』不足以爲政，
> 徒法不足以自行。」……既竭心思焉，繼之以不忍人之政，而仁覆
> 天下矣……是以惟仁者宜在高位，不仁而在高位，是播其惡於眾也。
> 上無道揆，下無法守也，朝不信道，工不信度，君子犯義，小人犯
> 刑，國之所存者幸也。故曰：「城郭不完，兵甲不多，非國之災也；
> 田野不辟，貨財不聚，非國之害也。上無禮，下無學，賊民興，喪
> 無日矣。」……事君無義，進退無禮，言則非先王之道者，猶沓沓
> 也。故曰：「責難於君謂之恭，陳『善』閉邪謂之敬，吾君不能謂之
> 賊。」（《離婁上》第一章）

「徒善不足以爲政」之「善」字，趙注爲「善心」，朱註爲「心」，楊伯峻《孟
子譯註》解爲「好心」，則此「善」即是指著「仁心」而言；而「陳善閉邪謂
之敬」，此句之「陳善」義，朱子以爲是向君王「開陳善道」，故「善」即是
指「善道」，但「善道」又是什麼呢？由此引文之義理脈絡看來，則「善道」
即指著「仁義禮」等道德規範或道德之理也。此可由：

1.「上無道揆」、「朝不信道」、「君子犯義」、「上無禮」等文句，推論而
知：孟子以爲君王若犯有上述諸行，則其「國之所存者幸也」、「喪無日矣」，
故深責君王，以爲爲人君者，須知仁義禮諸理及行仁義禮之道也；並以爲爲
人臣者應向君上進陳善道，進陳仁義禮之道也。

亦可由：

2.「事君無義，進退無禮，言則非先王之道」此孟子責求人臣的文句，
推論而知：即孟子顯然以爲爲人臣者，應以義道事君，以禮進退，以先王之
道向君上開陳，即臣下應知禮義行禮義，並向君王開陳禮義之道也。

故楊伯峻《孟子譯註》釋此「善」爲「仁義」也。由「善」即「仁心」
與 1、2 兩點之論述，則「善」顯然即是「本心眞性」，即是仁義禮智等道德
之理也。

此「善」即「本心眞性」之義，牟宗三、周群振及蔡仁厚三位先生，亦
嘗論及，牟先生說：

> 道德的善就在性之中，或者說性就是道德的善本身。孟子便走這路
> 去規定性。

首先，孟子把性視爲「道德的善」本身；其次，他視性爲「道德性」
（Morality）之性，即直接從人的內在道德性說性……。〔註84〕

周先生說：

> 孟子之說心，本是要求在文化創造中起大用……他必然要找出一個
> 人心所同然的本質或原則來。於是他發現了一個潛存於任何人心中
> 最高貴的東西，那就是如現在人所說的「道德意識」，孟子當時則稱
> 之爲「善」，爲「良知」「良能」或「良貴」。〔註85〕

而蔡仁厚先生也說：

> 必須是這樣的義理之性，才是第一義的性，才能建立道德實踐所以
> 可能的根據。同時，從義理之性說「善」，亦是先天定然的善（好善
> 惡惡有定然性），而不只是傾向於善。先天定然的善，含著道德的「應
> 當」。既應當，必爲之（爲善去惡），所以它又是「自覺自發，自決
> 自定」的創造性的善。〔註86〕

依牟先生之說，則「道德的善」即「性」，亦即是人的「內在道德性」；依周
先生之說，則「善」即「良知」「良能」或「良貴」，亦即是說「善」即「本
心眞性」也；而依蔡先生之說，則更可直說「善」即是「本心眞性」，此因他
說的「善」，乃是先天定然而又含著道德上的「應當」意識，且又能「自覺自
發、自決自定」以起道德創造的善，故「善」即是「本心眞性」也。

由以上的論述可知：

> 孟子所謂的性善之「善」的實義即是「性」，即是「本心」也。

此即是「性」、「本心」的「善」，乃是「絕對的善」，所謂「絕對善」，乃是指
本心性體之超善惡相對相，之在任何條件、任何情形下，皆可無限制地被稱
爲善，而爲「超越的絕對體」之至善。牟先生釋此曰：

> 絕對體至善之善，非與惡相對之善。與惡相對之善或與善相對之惡
> 乃是表現上有事限之善惡，故爲相對的善惡。相對的善惡是形容表
> 現上的事之相狀，就之作一價值判斷，例如中節者爲善，不中節者
> 爲惡。故相對的善惡是事之善惡相。此種善惡可名曰價值判斷上的

〔註84〕同註9，頁67。

〔註85〕見周群振：《人生理想與文化》（台北：商務印書館，民國77年1月二版），
　　　　頁70。

〔註86〕見蔡仁厚：《陸王一系人性論之省察》一文，收入《鵝湖學誌》（台北：文津
　　　　出版社，1988年12月），第二期。

指謂謂詞。但作爲絕對體的性體自身則不是事，因此作爲價值判斷
上的指謂謂詞之善惡在此用不上，此即所謂「善不足以言之，況惡
乎哉？」在此，如謂其爲「至善」，此「至善」亦不是價值判斷上的
一個指謂謂詞，因爲它不是狀一事相，故亦不爲一事相所限也。自
此而言，説「至善」是「歎美之辭」亦無不可。是以「歎美之辭」
之至善，即是説性體自身的絕對善，不是説事相上的相對善，故亦
「不與惡相對也」……孟子由「本心即性」所説的人之「内在道德
性」之性體自己亦是絕對的至善，無條件的定然的善，是「體」善，
並非「事」善，因而亦不是價值判斷上的指謂謂詞。它是價值判斷
底標準，而不接受判斷。如是，亦可以説是超善惡相的絕對體之至
善……。〔註87〕

又曰：

是非、正邪、善惡皆是就表現上説，而一有表現皆是事相，故亦是
皆就表現上之事相説。性體自身非事，故亦無相。性體無相是至善，
非中性無記義，因此值得歎美……是非、善惡等乃是對于表現層上
的事作價值判斷，乃是價值判斷上的指謂謂詞。至于心體性體之自
身乃是判斷之絕對標準，其本身不是一事相，故亦不是接受判斷者，
即依此義而言心體性體不可以是非善惡言……至善之歎美與指謂謂
詞之善惡不同也……至善不與惡對，因而亦無「善」相，此只是體
之如如之是，如如之善，非指謂事相之是非善惡也……「兩種善義」
分判開亦甚方便。〔註88〕

在此兩段引文中，我們可見牟先生將「善」分爲兩個層次或兩種意義：

一爲與惡有對的「相對善」。

另一則爲與惡無對、超善惡相之「絕對善」或「至善」，而「性善説」之
「善」即是此義的善。

於此，請先言「相對善」。

與惡有對的「相對善」，乃是形容表現上的事之相狀或對于表現層上的
事，就之作一價值判斷，所以這層次的「善」，乃是「價值判斷的指謂謂詞」。

〔註87〕見牟宗三：《心體與性體（二）》（台北：正中書局，民國 74 年 8 月台初版第
　　　　六次印刷），第三章第六節。

〔註88〕見牟宗三：《心體與性體（二）》，第三章第八節。

如在「中節者爲善」此一文句中之「善」，乃是修飾或形容主部（主詞）「中節者」這件事之「價值判斷的指謂謂詞」；又如在「助人爲善」此句之「善」，也是形容或修飾主部（主詞）「助人」這行爲的「價值判斷的指謂謂詞」。唯在此須注意的是：此處所言之「價值判斷的指謂謂詞」及「相對善」，都是道德意義的，故此「價值判斷」即是「道德判斷」或「倫理判斷」，此「相對善」之「善」，並不一定是「好」的意思。因在「中國日常語言及一般文字的使用中，『善』與『好』有時含義相同」，〔註89〕如「好人」、「好事」亦可說是「善人」、「善事」；「但在嚴格的使用上，二者並不相同。善，有道德的意義，相當於『是』或『對』（Right），與『惡』或『非』相反；而好（Good）與壞相反，不一定有道德意義，如『好吃』、『好看』、『長得好』、『睡得好』、『好幫手』、『好車』，便無道德意義，這些『好』字，一般都不能用『善』字代替」。〔註90〕而這種對車子、長相等的判斷，一般稱之爲「非道德價值的判斷」（Judgments of non-moral value），是沒有道德價值（意義）的（按：但沒有道德價值，並不代表沒有價值，它可能對人而言，有藝術價值或實用價值等其它非道德的價值）。又此相對的善，雖然是形容表現上的事之相狀，雖然是就著事相而說，但它並不獨立或內在於客觀的事物或事相之中，即相對的善，並非客觀的實在物或客觀的存在（Objective being）。若「相對善」是客觀的存在，則善便在本心眞性之外，恰成告子所說的「義外」，〔註91〕而此適與孟子「仁義內在」之義理相悖。因此，若依孟子之義理，則本心是一切道德善的根源，甚而本心就是道德的善本身，就是絕對善，故一切道德之理，一切善皆必須由道德的本心發出，我們不能說善自存於實然的或客觀外在的事物中，反而要說實然或客觀外在的事物，因本心眞性之判斷起道德創造而賦予其道德價值，而說其爲「善言」、「善行」或「善事物」等。其實，亦不只「善」非客觀的存在，即連與「善」相對之「惡」亦不是客觀的存在，「宇宙萬物從客觀方面看，本無罪惡可言，所謂罪惡，純粹是由道德意識（即道德之本心眞性）中的道德的善映照（Reflect）出來的。例如說謊言，從客觀言之，不過是唇舌喉舌等的一種活動；又如偷盜，從客觀言之，僅爲對物體存在空間所作的轉移。如此，說謊與偷盜均不可謂惡。然而，經過道德意識中道德的善

〔註89〕同註46，頁133。
〔註90〕同註46。
〔註91〕此語聞之於曾昭旭先生。

的映照，才眞感覺到說謊話不袛是唇舌喉的活動，而確是一種罪惡；偷盜亦不袛是一件東西之空間轉移，而確是一可恥的行爲。可見罪惡不是「正面的存有」（Positive being），而是經過道德意識的映照才呈現於人心的。」〔註92〕由此可見，相對的善惡雖然是形容表現上的事之相狀，雖然是就著事相而說，但它們卻非獨立自存於事相之中，即它們皆非客觀的存在，而是根源於道德的本心性體，或由本心性體之道德的善所映照出來的。

「相對善」之義既明，以下即論述「絕對善」。

衡諸牟先生之意，本心性體之爲「絕對善」，若分解以說明之，則具有下列兩大要義：

（一）「絕對善」是說超越善惡相對相的本心性體（絕對體）之「至善」。「絕對」指超越「相對」而言，此本心性體超越善惡相對待相而爲「絕對善」或「至善」之義，亦即是王陽明所說之心體的「無善無惡」之義。陽明說「無善無惡心之體」，〔註93〕但何以心體是「無善無惡」的呢？蔡仁厚先生解釋說：

1. 這心體乃是「理」，不是「事」。事有相，而理沒有相，理自無不善，但卻無有善相可見。所以陽明又說：「無善無惡者理之靜，有善有惡者氣之動。不動於氣，即無善無惡，是謂『至善』。」（《傳習錄》上，薛侃記）至善之心體無善惡之相可見，故曰「無善無惡」。

2. 說「無善無惡心之體」，與告子所謂「性無善無不善」並不相同，二者不可混視。無善無惡的「無」，意在遮撥善惡相對的對待相，以指出這潛隱自存的心體不落於善惡對立之境，藉以凸顯其超越性、尊嚴性與純善性。

3. 這純善的心體，是未經分劃的那個本源的原始之絕對（絕對善，善本身）。究極地說，它是不能用任何名相（善與惡皆是名相）加以指述的，一用名相指述，便限定了它，它便成爲相對的，而不是超越的絕對本體了。〔註94〕

蔡先生在此已將心性本體之「無善無惡」義，解釋得十分透澈了，而且此義，實等同於牟先生所言的本心性體之爲「絕對善」或「至善」之義。此「絕對

〔註92〕同註9，頁69。
〔註93〕語見王陽明：《傳習錄・卷下》。
〔註94〕同註50，頁126。

善」尚有另一義可說，即：

（二）「絕對善」爲道德判斷的最高與絕對標準，它本身不接受判斷。由於「絕對善」即是「本心性體」，而本心性體乃是道德判斷的最高與絕對標準，故絕對善當然亦同於本心性體而爲判斷的最高標準；又由於絕對善爲超越之「理」，爲超越的絕對「體」而非「事」，爲「體」善而非「事」善，因此，「作爲價值判斷上的指謂謂詞之善惡在此用不上，此即所謂『善不足言之，況惡乎哉？』」就算說它是「至善」，此「至善」也不是價值判斷上的一個指謂謂詞，而是一「歎美之辭」罷了，因此，絕對善本身不接受判斷，它是價值判斷底標準。

由（一）與（二）之討論，則「絕對善」之義既明；而「性善說」之「善」即是「絕對善」，故性善之「善」義亦已明矣。

孟子的「性善說」之「性」與「善」之義既明，於是以下即可進而討論「性善說」之眞義矣。

第三節 「性善說」的眞義

在正式論述「性善說」的眞義前，我們必須先對「性善說」的適用範圍，作一說明，即孟子的「性善說」是對所有的人而言或僅就部分的人而言；亦即是：「性善說」到底是全稱命題或者是偏稱命題？

我們在前文中論述本心時，已屢屢說明本心乃人人皆有，人人皆同的，而孟子乃是以本心爲吾人之性，故性乃人人皆有，人人皆同的；又由《孟子》書上所載：

> 無惻隱之心，非人也；無羞惡之心，非人也；無辭讓之心，非人也；
> 無是非之心，非人也⋯⋯。（《公孫丑上》第六章）
> 曹交問曰：「人皆可以爲堯舜，有諸？」孟子曰：「然！」（《告子下》
> 第二章）

等文句看來，則可知孟子之道性善乃是就所有的人而言，並非僅就部分或某些人而言；而且也只有此普遍義之人性論才有其眞正價值，才能建立「人皆可以爲堯舜」的理論系統。故可知孟子之性善乃是一全稱命題也。

此義既明，以下即正式論述「性善說」之眞義。

由以上兩節之討論可知：孟子「性善說」之「善」的實義即是本心眞性，

即是性善說之「性」，故「性」與「善」實爲等同關係，「性便是善，善便是性，並非性外別有善，善外別有性，二者完全冥合爲一」，〔註95〕而且根本是一，所以周群振先生說：

> 因此，在理解上，我們必須知得即心是性，即生是善，心與性、與善，根本爲同一不異之物事。一般地順習而言「性善」，只是「存乎中而安則曰性，見乎外而宜則曰善」之二義所成之複詞，固非心之外，別有個可以稱爲善的性；亦非性之外，別有個可爲性作準據的善之物。善不是形容性的，它本身即是一實有，即是道或義理之代稱，亦即心或性之別稱或化名。總之而言是：舉性則善在性，舉善則性在善。離善而言性，則性不成性；離性而言善，則善不成善。善與性，絕不可分作兩邊看。此乃孟子主張「性善」之內容真理之所在，而爲千古不磨之偉構。〔註96〕

而牟先生也說「性就是道德的善本身」，又說：

> 此所謂本心顯然不是心理學的心，乃是超越的本然的道德心。孟子說性善，是就此道德心說吾人之性，那就是說，是以每人皆有的那能自發仁義之理的道德本心爲吾人之本性，此本性亦可說就是人所本有的「內在道德性」。既是以「內在的道德性」爲吾人之本性，則「人之性是善」乃是一分析命題。〔註97〕

依牟先生之意，孟子是以超越的道德本心爲吾人之性，即是以人所本有的「內在道德性」爲吾人之本性，而因此道德的本心本性乃是純然至善的，乃是「絕對善」，故「人之性是善」——即「性善」乃是一分析命題，是不證自明的，因一說性，便已含著善或即是善了。而由周先生之說，本心與性、與善，根本爲同一不異之「物事」（按：說「性」、「善」爲同一不異之「物事」，乃是藉「物事」一詞以方便說明罷了，並非謂「性」、「善」之所指真的爲一「物事」）。一般順習俗或傳統而言「性善」，只不過是「存乎中而安則曰性，見乎外而宜則曰善」的兩個意思所成的複詞罷了，而不是指性外別有善或善外別有性，也不是指善是形容性的形容詞。善本身就是一形上的實有或實體，就

〔註95〕見許宗興：《孟子義理思想研究》（台北：政治大學中國文學研究所博士論文，民國76年6月），頁87。

〔註96〕見周群振：《儒學探源・古代儒家的心性思想》（台北：鵝湖出版社，民國75年7月修訂再版），頁160。

〔註97〕同註54，頁216。

是道、本心，就是性。故說性說善皆無不可，「舉性則善在性；舉善則性在善」，性全體便是善，善全體即是性，二者根本是一。

　　既然性實際上即是善，「性善」是一分析命題，故我們若順著中國傳統的用語而言，則孟子的「性善說」顯然是指「人性本善說」，而非指「人性向善說」〔註98〕或「人性應善說」，或其他各種說法。所以徐復觀先生說：

>　　孟子之所謂「性善」，是說一般人的本性都是善的……孟子說這句話，不是把它當作「應然地」道理來說，而是把它當作「實然地」事實來說。即是孟子並不認為人性應當是善的；而是認為「人性實在是善的」。〔註99〕

徐先生此處所說的「人性實在是善的」，即是人性本來是善的「人性本善」之意，而他同時也認為「人性應善」是不合孟子原意的，即孟子說「性善」並不是把它當作「應然地」道理來說，而是把它當作「實然地」事實來說的。

　　綜合了以上的說法，我們可得孟子的「性善說」的真義為：

>　　人性本善說，而且性即善，善即性，二者是一。

討論至此，不免使我們產生了下列的疑問，即：

　　人性既然是善的，那麼人間為什麼會有惡？人為什麼會為惡？孟子既然認為人人皆可以為堯舜，那麼為什麼在人類的社會歷史中，實際上只有少數的人成為堯舜或成為像堯舜一般有人品的聖賢？到底是什麼原因使得人不得成為聖賢？到底是什麼原因促使人為惡？「惡」到底從什麼地方來？又如何去除掉它呢？

　　關於「惡」的來源及如何去「惡」的工夫問題，我們將留到下一章討論。

〔註98〕「人性向善說」乃近人傅佩榮先生所提出者，因本文乃是以「立」（正面析論及建立孟子之性善說）為主，故在此不欲批判傅先生所說之謬（當然，傅先生可以自己提出一套對人性的說法，但卻不可以他自己的看法而說成是孟子本人的看法）。若欲明傅先生此一「人性向善」的說法，可參看他所著的《儒家與現代人生》一書與《人性向善論——對古典儒家的一種理解》（《哲學與文化月刊》，第十二卷第六期）一文。

〔註99〕同註4，頁164。

第三章　「惡」的來源及去「惡」的工夫問題

第一節　論「惡」的來源

　　如上一章所說，人性既然是善的，那麼人間的「惡」〔註1〕又從何而來？我們張開眼睛，每天都可以直接或間接看到國內外發生許多的犯罪事件；我們打開耳朵，情形也是如此；就連我們自己，也常會起貪婪、佔有與嫉妒等不良念頭，也常會無意或有意地傷害到自己或他人；甚至遠在孟子所處的時代，人間社會已是動盪不安，列國之間年年戰伐，爭鬥者有之，殺人者有之，兵戎四起，天下大亂，所以孟子才感慨地對梁襄王說：

　　　　今夫天下之人牧，未有不嗜殺人者也，如有不嗜殺人者，則天下之
　　　　民皆引領而望之矣。（《梁惠王上》第六章）

也就是因為當時天下太亂，道消魔長，所以孟子才挺身而出，宣揚仁義之道，以挽救人心之沉淪，以防止罪惡之蔓延，以拯民於水火之中。

〔註1〕大致上來說，「惡」可分為兩種類型：一為關乎道德價值者，而具有道德之負面價值或意義，如殺人偷盜之為「惡」即是；另一則為無關乎道德價值者，如《論語・里仁篇》第九章所謂的「士志於道，而恥『惡』衣『惡』食者，未足與議也。」句中之兩個「惡」字即是。本章所論述的「惡」乃是屬於類型一者，是具有道德之負面價值與意義的（注意：說「惡」具有負面價值是就它對於未來的「正面」或「善」之關係而言，罪惡自是罪惡，罪惡自身無價值，而尚說它有負面價值，這完全是對未來的「正面」而言，此意請參看牟宗三：《生命的學問》（台北：三民書局，民國76年2月）一書之《論「凡存在即合理」》一文。

　　由以上所說看來，則人間之有罪惡久矣，甚至我們可以說：只要有人住的地方，就會有罪惡產生。人性既然是本善，爲什麼人會有罪惡？到底惡從何而來？主張性善的孟子，如果他對「惡的來源」問題不能解答，即是對現實的人生問題，缺乏了解釋與解決的力量（按：因爲要解決惡、要去惡，必須先了解惡自何而來；就如同醫師要治癒疾病，必須先尋病源所在一般），那麼，他的性善說便不夠周延，甚至很難成立了。

　　然則孟子對這個問題的看法爲何？到底他認爲惡是怎樣產生的呢？

　　在此，我們將分成三個步驟討論此一問題，以期一步一步地逼出此問題之解答：

　　第一爲區分「主體性」與「道德性」及兩種「自由」觀念之意義。

　　第二爲申論「惡」的意義。

　　第三才正式論述「惡的來源」，此一步驟又區分爲「惡的根本起因」與「惡的助緣」兩部分。

　　以下先論述第一步驟。

一、「主體性」、「道德性」與兩種「自由」觀念的意義區分

　　在上一章論述「善」時，我們曾說善的呈現並不是偶然的，而是假如「順」其「性」（本性本心），便必然會呈現的；換句話說，如果善沒有在人的生命中呈現，那麼必定是由於「不順」其「性」的緣故。問題是：人爲什麼會不順其本心本性而行？其後孟子又說：「若夫爲不善，非才（指性）之罪也。」孟子以爲人之爲不善（惡），並不是本心本性的罪過，問題是：那是誰的罪過？又是誰在爲不善？又《告子篇上》第六章云：

> 仁義禮智，非由外鑠我也，我固有之也，弗思〔註2〕耳矣。故曰：「求則得之，舍則失之。」或相倍蓰而無算者，不能盡其才（「才」指「性」）者也。

朱子註將「弗思耳矣」解爲：「但人自不思而求之耳」，即「弗思」的主詞或

〔註2〕《孟子》書中所說的「思」有幾種意涵，此處與本章所論述的「思」乃是此幾種意涵中最爲重要者，乃是「工夫義」的思，而此義的「思」乃是道德實踐的本質工夫，是體證心性本體最直接的方法，牟宗三先生釋此「思」之義爲：「逆覺體證」，即隨本心之呈露反而自覺地意識及之，不令其滑過並肯認本心之爲體之意。關於「思」的意義，我們將在第二節：「論去惡的工夫問題」時再予以詳細說明。而凡本節所論及「思」之處，皆以牟先生之說法爲準。

主體是「人」，但我們要問：是人生命中的什麼部分在「弗思」？是「本心」嗎？但本心粹然至善，且能自主自律以發動人的道德行爲，又怎麼會「弗思」？若是本心自己「弗思」，那本心豈可說是至善？孟子又豈可說「若夫爲不善，非才之罪也」？由此可見，「弗思」的主體必然不是指「本心」，而是另有所指。而牟宗三先生將「故曰」及其後的原文疏解成：

> 是故我說：「『你』若求它，『你』就得到它；『你』若舍之而不求，『你』就失掉它。」就「失之」者而言，若與「得之」者相比較，則或有相差一倍者（此尚失之不遠），或有相差五倍者（此則失之加遠），或甚至有相差不可以道里計者。此何故也？蓋皆由于『你』舍之而不求因而不能充分體現你原初的良能之才之故也。〔註3〕

依牟先生之說，則「舍則失之」與「不能盡其才」的主體或主詞乃是「你」，即是指「人」而言，但同樣地我們也要問：是人生命中的什麼部分在「舍」、在「不能盡其才」？是人的形軀嗎？不是！因形軀本身無意志，不能有思考或判斷的活動，故不能指導人的行爲。是「本心」嗎？也不是！理由同前論「弗思」時所說。既非形軀，亦非本心，那是指什麼？

由以上的諸問題推想下來，則我們可得：

似乎在人的生命之中，有一可以主導人之所有行爲的「部分」或「機構」（按：當然，這只是象徵地說，並不是說眞有一特定機構）存在著，而這一部分可以使人「順」或「不順」其本性而行，可以使人「爲善」或「爲不善」，也可以使人「思」或「弗思」、或「求」或「舍」，更可以使人「盡其才」或「不盡其才」。這一部分，孟子泛稱之爲「心」，我們可以把它稱爲：「主體性」或「實存的心」；而因孟子重視人的地位與價值，是理想地看人性，所以他特重「本心」或「四端之心」的觀念，因而在《孟子》一書中所論說者多爲「本心」，而對於「實存的心」提及較少，甚至多半省略不說。在此，我們將說：孟子所說的「心」，其實有兩種：一爲「實存的心」；一爲「本心」。其中，爲孟子所特重者爲「本心」，蓋本心爲道德之源與價值之根也。

唐君毅先生在《中國哲學原論・導論篇》的第三章《原心上》中曾說：

> 故孟子言心，亦尚無後儒所謂習心與本心之別，以及私心與公心，善心與惡心之別。在孟子，「說心即說本心」，即是善的公的……在孟子言心只有一心。

〔註3〕 見牟宗三：《圓善論》（台北：學生書局，民國74年7月初版），頁35。

依唐先生之說，則孟子說心便只是指「本心」，除「本心」之外，不可說心另有他指。然若依唐先生之說，則本章前文之種種問題，便不可解或很難解得通，何況孟子也沒有說人的心只有一心，只是「本心」，更何況孟子還說：

> 今夫弈之爲數，小數也；不專「心」致志，則不得也。弈秋，通國之善弈者也。使弈秋誨二人弈，其一人專「心」致志，惟弈秋之爲聽。一人雖聽之，一「心」以爲有鴻鵠將至，思援弓繳而射之……。
> （《告子上》第九章）

專「心」學下棋，以及一「心」以爲鴻鵠（天鵝）將飛來的兩個「心」字，顯然都不是指「本心」，而是指人的「主體性」，人實存的心理狀態。孟子以下的這些話中所說的「心」，也都不是指著「本心」，而是偏指人的「主體性」，如：

> 欲貴者，人之同「心」（指心理或願望）也。（《告子上》第十七章）
> 人不足與適也，政不足閒也；唯大人爲能格君「心」之非。（《離婁上》第二十章）
> 我亦欲正人「心」，息邪說，距詖行，放淫辭，以承三聖者；豈好辯哉？予不得已也。（《滕文公下》第九章）
> 詖辭知其所蔽，淫辭知其所陷，邪辭知其所離，遁辭知其所窮。生於其「心」，害於其政；發於其政，害於其事。聖人復起，必從吾言矣。（《公孫丑上》第二章）

中所說者皆是。故我們可說：孟子所說的「心」可有二義：「實存的心」與「本心」（按：當然，孟子並沒有很清楚或很明顯地分別此二義之心）。

在此，我們將分別對此二義的心及其性質，作一番詳細的說明，同時也將對它們之間的關係作一番論述。

（一）「主體性」（實存的心）與「純粹的自由」

「主體性」是指每個人生命中實際存在的心理狀態或作用，本文把它稱之爲「實存的心」。我們的一切言語與行爲，不管是道德的或不道德的，都必須經由它而發出。「主體性」具有種種的作用或功能，時時在人的生命活動中有不同的表現，如：有時表現爲審美或觀照的作用；有時表現出憎恨、報仇與機詐等意念；也有時表現出反省逆覺與種種的價值判斷；更有時表現爲堅強的意志，以引導整個人的行爲方向。這樣的心具有選擇性的自由，它是「純

粹的自由心」。所謂「純粹的自由」，並不同於我們在上一章論本心時，由本心之自覺自主自律而不在主客對列的限制中活動，所說的自由，本心的那種自由，稱之為「充分的自由」；而此處的自由則是「純粹的自由」。即「實存的心」具有完全的自由，它自己可以合理（道德之理），也可以不合理；可以「思」，也可以「不思」；可以執著外物，也可以不執著外物；可以有善念，也可以有惡念；可以無限制而永不滿足地追求名利權位，也可以當下大澈大悟，而視名利權位如糞土；它有昏昧、墮落與沉淪的自由，也有清醒、躍升及向善的自由；它有一念警覺的自由，也有一念陷溺的自由。總之，它具有完全的選擇自由。它只問自由、不自由，而不問合理、不合理，亦即：「實存的心」在本質上原是純粹自由的。這樣的「心」或「主體性」是就「發生」上說的，而非如「本心」「真性」是就「本質」上說的。因此，它時時刻刻都顯發在人的生命活動中，而沒有像本心真性有所謂的「隱而不顯」或「不用」的問題存在的。

而在說明了「主體性」與「純粹的自由」的意義之後，接下來再說明「道德性」與「充分的自由」之義。

（二）「道德性」（本心真性）與「充分的自由」

所謂的「道德性」，即是「善性」，亦即是「真實的主體性」（牟宗三先生語）。它是宇宙人生的價值之源與道德之根，代表著人真實的生命。在孟子，則將此「道德性」，稱之為「本心」、「良心」、「仁義禮智」、「良知良能」與「四端之心」等，亦即是人禽之辨的「幾希」之所在。這樣的「道德性」，是就「本質」上說的，代表著人生命之「真」。關於「道德性」，我們在上章已詳細論述過，在此，將不再多作說明，而只擬說明「道德性」的「自由」一義。在上章曾說：本心之自由，乃是「充分的自由」，且此「自由」是就本心之自主自律而說的，並且在孟子義理中，乃是一真實呈現的（按：但真實呈現並不代表時時都有在人的生命活動中呈現）。在此，則將對此「自由」義，再予以補充說明。

所以說「本心」是「充分的自由」之意，是指本心既是完全自由的，同時又是合乎理（道德之理）的意思。或許有人要問：「自由」（選擇性的自由）與「合理」根本是互相衝突的兩個概念，怎麼有可能既自由且合理？因為本心若是自由的，則它就可以決定自己要順其本性而行（合理）或不順其本性而行（不合理），如此一來，它的呈現就不能保證合理了；而若本心是合理的，

是只能合乎道德之理與只能順其本性而行的話，那它便不是自由的了（按：因它不能有選擇不合理的自由故）。那麼，本心怎麼有可能既是自由的，又是合理的呢？

要回答這個質疑，其實癥結或重點，只落在「自願」這詞語的意義上。原來，本心是在純粹或完全的自由之情況與前提下，而「自己選擇」、「自己願意」順其本性地合理而行，並且會以合理為悅的。這時本心是自主自律的，它自己規定自己順理而行，並且樂意遵守自己的規定順理而行。這時它並沒有絲毫勉強與不自由，反而這時它完全擺脫了各種生理與心理上的束縛而自由自在，而且這種自由自在，在孟子看來，才是人真實與正常的心理狀態。同時人生的真正意義，便是時時在生命活動中保持此種心理狀態，並能幫助或豁醒他人也能達到此種心理狀態。〔註 4〕這時的心理狀態（自由自在），並非只是道家式的逍遙無待與觀照，而是充滿著理性的愛與理想，並賦有道德的創造性能，而且全幅是道德的創造性能。在這種的情況下，我們便說：此自由自在乃是「充分的自由」，而本心是「充分的自由心」，這時自由與合理並不是矛盾的，而且是同時成全了自由，也同時成全了合理。

這「充分的自由」之本心是粹然至善的：它只會「思」而不會「不思」（弗思），它只是合理（按：而且根本就是理，故曰：心即理）而不會不合理；它只是善而不會有惡或為惡，因此，剋就本心而言，或在本心（道德性）的領域中，是沒有所謂「惡」的問題的。惡的問題不能就「本質」上的道德性或本心說（按：因為本心是一道德明覺，是一純善意志，若說惡來自本心或本心會為惡，那本心便不是至善的，而孟子也不能說人性是善的了），而只能從「發生」上的「主體性」或「實存的心」來說，而且也只能從「發生」上說，才能比較恰當地解答「惡的來源」問題。

以上已分別說明了「實存的心」與「本心」及其性質，但我們不禁要問：此二義的「心」有何關係？

首先，我們必須說明：雖然孟子所說的心，可以有此兩種意義，然而他並沒有因為要解答「惡的來源」，以及解釋道德生活的種種負面經驗，而自覺地提出此二義之心；相反地，孟子因重視人性的光明與人格的尊嚴，所以只積極地言本心與本心的存養擴充。但是雖然孟子並沒有明說此二義之心，但他卻有此意，因此，本章之所論，確實可合乎孟子的義理。

〔註 4〕此即孔子所謂「己欲立而立人，己欲達而達人」之意。

　　而且，我們說孟子所說的心，可以有此二義，並不是說人的生命中，眞的可以分割出兩個心或同時有兩個心存在，而只是爲了說明人的實際生活與解答惡的來源，所作的「概念上的分解」罷了。其實這兩義的心是有密切關聯的，此關聯爲何？即：

　　「實存的心」（主體性）順其本性而動的常態表現的這一面，即是「本心」（道德性）。如果用孟子的話來說，即是：

　　　　當「實存的心」一「思」時，它便是「本心」，而所謂「本心」（道
　　　　德性）就是「實存的心」之一定會「思」的那一面，即是「實存的
　　　　心」的常態表現之一面。〔註5〕

因此，「主體性」與「道德性」是一（完全相同），或「實存的心」與「本心」是一的充要（充分且必要）條件是「主體性」的「思」的作用。當「主體性」一「思」，則兩者是一；「不思」，則兩者不是一，故孟子曰：

　　　　心（指「主體性」）之官則思，思則得之：不思則不得也。此天之所
　　　　與我者。（《告子上》第十五章）

又曰：

　　　　求則得之，舍則失之，是求有益於得也，求在我者也。（《盡心上》
　　　　第三章）

「求」是「主體性」在求，「舍」也是「主體性」在舍，「主體性」如何求？以「思」也；如何舍？以「不思」也。「得之」指「道德性」（本心）的呈現；「不得」或「失之」指「道德性」隱而不顯，不能貞定吾人的所行所爲。當「主體性」一「思」時，則「主體性」與「道德性」是一，本心即當下呈現，此時我們實存的心理狀態即完全是本心的顯露，而這種心理狀態，就孟子而言，乃是人類健康而正常的心理狀態。此時人的人格是健全的，生命是眞實和諧的，此是生命之「眞」；而當「主體性」「不思」時，則「主體性」與「道德性」不一，即「實存的心」不是本心，此時本心隱而不顯，不能發揮作用而主導人的生命，此時人的心理狀態已非常態，人格已有分裂，而人的生命也已非眞實的生命，它是生命之「妄」。〔註6〕因此，「思」的作用或功能，乃

〔註5〕「本心」既然是「實存的心」之常態表現的一面，故我們也可以說孟子是就此
　　　　常態表現的一面來說人性，而且「本心」的一切性質，皆可適用於此「實存的
　　　　心」之常態表現的一面，如「本心」是人人皆有、人人皆同之義，亦可轉說爲
　　　　「實存的心」之常態表現的一面，是人人皆有、人人皆同的，其餘意思類推。
〔註6〕生命的眞實（眞）與不眞實（妄）是就「價值」而說的——當主體性與道德

是「人的主體性中一種足以綰合（主體性與道德性）二者的特殊功能」，〔註7〕可以說是非常重要的。

當然，「思」也可以說是「道德性」或「本心」的功能（作用），因為就人的常態與真實生命（「主體性」思）而言，「實存的心」根本就是「本心」，兩者是一，故說「實存的心」「思」可；說本心「思」亦可，原無分別。只不過「本心」是一定要「思」、一定會「思」與自願去「思」的（按：我們切不可說本心會自己不思，本心是不會自己不思的）；而「實存的心」，則可以「思」也可以不「思」罷了。

或許有人要問：「實存的心」既然有「純粹的自由」，既然可以「思」，可以不「思」；可以合理，可以不合理；可以為善，也可以為惡，那人性豈不是可善可惡了嗎？憑什麼孟子可以說「性善」？

答：心雖然有為善的自由，也有為惡的自由，但當人去為善時，他的心裏卻是喜悅滿足的，是「安」的，故中國人常說「為善最樂」，而孔子也說「仁者安仁」；而當人去為惡時，他的生命即自然產生負面的效應，他的心裏會「不安」、「不忍」，甚至有強烈的羞恥感與罪惡感。此時他的良知，判斷他的所作所為為「非」、為「惡」，並加以譴責（按：由此可見罪惡不是正面的存有，不是客觀的存在而是由本心映照出來的，此意上章已論過），使他內心有不好的感受。由此可知，「人性本善」是確然不可移的真理，也就因為人性本善，所以人才會不安於惡而從惡中超拔出來以歸於善，以恢復人的自由（按：即不用再被生理本能及外物拖著走），以建立人的價值與尊嚴。

而在了解了「主體性」、「道德性」與兩種「自由」觀念的意義區分之後，以下我們將再申論「惡」的意義。

二、「惡」的意義

在討論「惡的來源」這問題之前，先明瞭「惡」的意義是先決而必要的。因為若不知曉「惡」的意義，則探討「惡」的來源將毫無意義。究竟什麼是「惡」？「惡」的意義為何？

性是一（即本心呈現作主），而有表現出人之所以為人的價值者為生命之「真」，否則為生命之「妄」，而非就「事實」而言。因為就「事實」而言，每一個活著的人之生命都是真實存在的，無所謂不真實（妄）可言。

〔註7〕見曾昭旭：《道德與道德實踐》（台北：漢光文化事業公司，民國74年4月三版）一書之《孟子論不善之來源》一文。

所謂的「惡」，其「根本意義」爲：

> 人之實存的心（主體性）「順軀殼起念」（此爲陽明語）。此意即是唐
> 君毅先生所說的「一念之陷溺」、「一念之矜持」與「心靈之向外偏
> 向」；〔註8〕亦即是孟子所謂的「陷溺其心」，〔註9〕所謂的「蔽於物」。
> 〔註10〕

要言之，「惡」的「根本意義」，乃是指：人的「意念」初起時之不正與不善
而言。

而「惡」之「完整意義」則是：

> 人之實存的心順軀殼起念（一念陷溺於物），以及由此所衍生、所表
> 現的一切。〔註11〕而此衍生、表現的一切，包括了人的一切虛妄造
> 作的心理現象、情緒、行爲及種種制度等。

故我們可以說：完整意義的「惡」，包含了人的一切不善的意念、心理、情緒、
行爲及人所建立的制度等等。而這樣的「惡」，又可分成兩方面來了解：一方
面是對行爲者自身的傷害或負面影響；另一方面，則是：行爲者之行爲，對
他人之傷害或負面影響。前者明顯的例子，如：行爲者的心理受折磨苦痛、
不安不忍、焦慮、恐懼、有極大的罪惡感，甚至自殺等，這是行爲者自我否
定、自我異化與自我摧殘的一面，亦即「傷己」的一面；而後者如：行爲者
使他人心理或生理受傷，財物或權益蒙受損失，甚至取消他人之生命，更甚
而罪大滔天至專制獨裁，並建立一套「意底牢結」（按：此爲牟先生譯語，見
《時代與感受》一書），並依此「意底牢結」以構造一邪惡制度，來桎梏人民
之思想行動與生活方式等。這是行爲者否定他人、摧殘他人的一面，亦即「傷
人」的一面。而此兩面之罪惡，皆由人心之「順軀殼起念」，人心之一念陷溺
而造成。

「順軀殼起念」的「軀殼」，「用現在的話說，就是生理的機體。人的心
思，若順此機體而被誘惑而追逐下去，無窮的罪惡皆從此出，一切皆不能說

〔註8〕 語見唐君毅：《人文精神之重建》（台北：學生書局，民國77年5月全集校訂
　　　版），頁505。唐先生說此三語之原意爲「惡的根本起因」，在此，我們則是借
　　　其語以說「惡」的根本意義，而與唐先生之說有點出入。

〔註9〕 見《孟子‧告子上》第七章。

〔註10〕 見《孟子‧告子上》第十五章。

〔註11〕 此「惡」之完整意義，乃是參考牟先生之論「惡」爲「順軀殼起念以及由此
　　　所表現的一切」一語而稍加修改而得者。牟先生此語見其所著的：《道德的理
　　　想主義》（台北：學生書局，民國74年9月修訂六版），頁16。

有價值，有理想。」〔註12〕人之「順軀殼起念」即是人心「一念之陷溺」，而人由「一念之陷溺」而無窮的追逐下去，以產生無窮的罪惡之意，唐君毅先生在《道德自我之建立》一書中論之甚詳，他說：

> 一念陷溺於飲食之美味，使人繼續求美味，成為貪食的饕餮者；一念陷溺於男女之欲，使人成為貪色之淫蕩者；一念陷溺於得人贊成之時矜喜，而使人貪名貪權。由貪欲而不斷馳求外物，而與人爭貨、爭色、爭名、爭權。由陷溺於所得之現實的對象，爭取現實的對象，而不見他人，乃無復對人之同情，而對人麻木，與人隔膜，對人冷漠。由與人冷漠、對人冷漠，而不知人的人格之價值，而對人不敬、侮慢、驕傲，不知愛人以德。又由自己陷溺於所欲得之對象，而忘卻自己之人格，遂為取得所求之物，而諂媚卑屈。由對人冷漠，於是在人阻礙我之獲得我所欲求之事物時，不惜對人殘忍，忘恩背信。又不願見人之獲得我所欲求之事物，使我相形見絀，而對人嫉妒，幸人之災，樂人之禍。為要獲得所求之物，而又知自己之貪欲之不見容於人，於是作偽善，以善名掩飾自己而有欺騙、詭詐、陰險，又感於貪欲之不見容於自己的良心，而自欺自騙，自己造作理由，以為自己辯護。一群貪欲充盈的野心家，爭名、爭權、爭財、互相鬥爭而又以實現正義人道為名，乃可血染地球與太陽賽赤，人種之罪惡可以齊天……。〔註13〕

唐先生此段文字，將人之由一念的陷溺而追逐下去而產生無窮的罪惡之過程，論說得十分詳盡。大抵人之犯罪為惡，乃是由「一念的陷溺」而「貪」，由「貪」而欲得所貪之物而「爭」，復由「爭」而不擇手段無所不用其極地欲求達成此「目的」，於是人的種種傷己（按：如「諂媚卑屈」、「感於貪欲之不見容於自己的良心而自欺自騙，自己造作理由以為自己辯護」等）、傷人（按：如「對人殘忍，忘恩背信」，又如「鬥爭而血染地球」等）的罪惡，便由此不斷地產生出來了。但雖然人可由其心之一念陷溺而產生無數的罪惡，可是這些罪惡都沒有客觀的獨立意義（按：「惡」不是客觀的存在或實在物），而且與孟子所說性善的「善」是不能成對等之局的，即：性善的「善」是不「惡」

〔註12〕見牟宗三：《道德的理想主義》，頁15。

〔註13〕引自唐君毅：《道德自我之建立》（台北：學生書局，民國74年9月全集校訂版），頁155。

相對待的。

我們在上一章已說過:「惡」並不是一客觀的存在,因為宇宙萬物自客觀言之,並無所謂罪惡可言。所謂罪惡,純粹是由道德的本心真性所映照出來的,故罪惡並非正面的存有,而在此我們將進一步說:

「惡」不僅不是正面的存有,同時它只不過是人生命活動的一種變態與虛妄而已,它之產生並無必然的理由,同時它也是不能與性善之「善」成對列之局的(按:因性善之「善」為絕對善,超善惡之對待相故)。而且一說「惡」,則只是「相對的惡」,只是形容表現上之事或事相,而不可說有一「絕對的惡」為世間一切罪惡的先天及超越根據,故「惡」是無根的,是後天偶然造成的,而不是有根的與先天必然的,周振群先生曰:

> 須知「惡」與「善」之對稱,只能限於形式上的一層面而觀,或者說只是為著語言描述的方便而立,絕不可謂有彼此相等的實質義。此其原因,是在善之為善,必然有心之實體以為之主,而惡則不能說有為之主宰的實體之心義。它的出現,正如「空穴來風」,是依於世間之偶有「空穴」而興起,絕無自身必然的理由。故世間之惡,常只是表現為一一單個之亂象,不能如善之有為眾善之長、之元的統一性與融貫性……我們可以斷定:無論在時間與空間,或歷史與社會之任何範疇中,是找不出一個獨立而統一地所以為惡的實體之心來的。凡無實體自主之物,即非當然自存之物,此便是惡之不能與善成對等之局最深的理由所在。它之是它,只是因善之未能相續流行之間隙而有者。如果更主觀一點說,也就是善之未能自持其善所投映出來的一個「似存在而非真實存在的陰影」而已。〔註14〕

周先生此文所表示之意,即是本文在此處所說者。他所說的「善」,乃是「絕對善」,是就著「本心實體」而說的,是一切道德價值的根源,是一切善行的發動者;而「惡」,只不過是「善之未能相續流行之間隙而有者」,只不過是「似存在而非真實存在的陰影」罷了。宇宙間「是找不出一個獨立而統一地所以為惡的實體之心(按:此實體之心即「絕對惡」)來的」,亦即:並無一「絕對惡」的心,可以為人間一切惡之根源者,故「惡」是無根的,乃非當然自存之物,是不能與「善」成對等之局的。

〔註14〕參見周群振:《儒學探源》(台北:鵝湖出版社,民國 75 年 7 月修訂再版),頁 183。

討論至此，則「惡」之意義大致已明，但問題是：爲何「主體性」會順軀殼起念？爲何「主體性」會一念陷溺？又爲何善不能相續流行而產生惡？凡此諸問題，我們將在下文論述「惡的來源」時加以回答。

三、「惡」的來源

明瞭了「主體性」、「道德性」與「惡」等諸義之後，在此將正式提出孟子對「惡的來源」的看法。對於孟子此一看法，我們又可分爲兩部分，來加以說明：

第一爲論「惡的根本起因」。這是說明人之有惡與爲惡的主要原因。

第二爲論「惡的助緣」。這是說明人之有惡與爲惡的次要或輔助原因。

（一）「惡」的根本起因

「惡」的根本意義既然是人的主體性順軀殼起念，既然是一念之陷溺、一念之矜持與「蔽於物」，然而爲什麼主體性會順軀殼起念？爲什麼主體性會有一念的陷溺與一念的矜持？又爲什麼主體性會「蔽於物」？到底是什麼原因使然？而且依周群振先生之說，惡的產生，只不過是善之未能相續流行之間隙而有者，然而爲何善不能相續流行而產生了惡？其因安在？

對於以上的種種問題，若依孟子的看法，則其根本原因，乃在於人之實存的心（主體性）自己「不思」所造成的。因此，惡的根本起因，乃在於「主體性自己的不思」。由於人的主體性自己不思，所以才會被外物乘虛而入，而使得人的心靈與種種生命活動有了染污；也由於主體性不思，所以才會順軀殼起念，才會有一念的陷溺與一念的矜持，也才會「蔽於物」；又由於主體性自己不思，所以善才不能相續流行而產生惡，故孟子曰：

> 心之官則思，思則得之，「不思」則不得也。此天之所與我者。先立乎其大者，則其小者不能奪也。此爲大人而已矣。（《告子上》第十五章）

「心之官則思」的「心」，我們在前文中已說過：它是指人之實存的心，即主體性是也。主體性可以思，也可以不思。當它思時，則主體性與道德性是一，主體性即是道德性，此時本心即當下呈現，而我們實際存在的心理狀態，當下即完全是本心的顯露，此之謂「思則得之」（按：「之」指道德性，即本心），這時人的生命是有著無比的價值的。它只會表現善而不會表現惡；依孟子，人之會表現出惡或產生惡，只因後天偶然的因素（按：其實即是主體性自己

不思）而使得本心沒有作人生命的主宰——本心與實存的心不一，才使得外物乘虛而入，以污染人原本清澈的心靈。而本心沒有作為人生命的主宰，實亦即是主體性自己的不思所造成。當主體性不思時，則本心或道德性隱而不顯（按：此之謂「不思則不得」也），這時人是很可能會為惡的；而且若當有外在的對象與人接觸時，則由於主體性沒有發揮其「思」的功能，所以人可能很容易就陷溺而沉淪下去以至於為非作歹了。由於主體性可代表人〔按：因人之一切行為，不管是善的或惡的，皆根源於主體性，善行為根源於真實的主體性（道德性）；惡行為則根源於虛妄的主體性（心不思之一面），故主體性可代表人〕，所以人之有惡、為惡，當然是當事人自己要負責，而不能將為惡或變壞的責任往外推的，如怪別人、怪環境或歸咎到自己的氣質、稟賦太差等，所以孟子又說：

> 乃若其情，則可以為善矣，乃所謂善也。若夫為不善，非才（指「性」）之罪也……仁義禮智，非由外鑠我也，我固有之也，「弗思」耳矣。故曰：「求則得之，舍則失之。」或相倍蓰而無算者，不能盡其才者也……。（《告子上》第六章）

這裏的「弗思」、「舍」及「不能盡其才」之意，都是指人的主體性自己之「不思」而言，故「舍」是人心之自捨，「不能盡其才」也是人心自己不能盡其才，此在孟子，又可稱為「自暴自棄」〔註15〕、「自作孽」〔註16〕、「自侮」〔註17〕、「曠安宅而弗居」與「舍正路而不由」等。〔註18〕由於主體性不思，所以人才會為不善，甚至墮落到「相倍蓰而無算」的地步。曾昭旭先生云：

> 人所以為不善，照告子等的說法，是因善的準據在外（即所謂「義外說」），所以依人的主體自由，人原無責任要去依從。但依孟子對人性的洞見，則見得善的準據在內，人是有責任去喚醒他的道德感，以直行其善的。所以人如果不行善，以終至於墮落到相倍蓰而無算，

〔註15〕《孟子‧離婁上》第十章云：「自暴者，不可與有言也；自棄者，不可與有為也。言非禮義，謂之自暴也；吾心不能居仁由義，謂之自棄也。」「自暴自棄」一語即出於此。

〔註16〕語見《離婁上》第八章孟子引《尚書‧太甲篇》之語：「天作孽，猶可違；自作孽，不可活。」

〔註17〕見《離婁上》第八章之「夫人必自侮，然後人侮之；家必自毀，而後人毀之……」的部分。

〔註18〕同註15，接下云：「仁，人之安宅也；義，人之正路也。曠安宅而弗居，舍正路而不由，哀哉！」

> 不能歸因於人性中原不具善根以卸責，而只能歸因於人心（主體性）
> 的「弗思」以使其善根泯沒不彰。然而依人心主體的自由性，人是
> 要思便能思的，其不思，便只是心之不盡其才，而更不能別尋藉口。
> 於是對人的為不善，孟子便直歸責於人心的本身了。這是孟子極嚴
> 肅切實的宣判，而允為千古不易的至理。〔註19〕

曾先生在此，不僅將孟子對於「惡的來源」之看法，表達得十分清楚——人的惡是來自於人心（主體性）的「弗思」，而且將孟子對於「人為惡的責任歸屬」問題，也作了一番表白，即：人之為不善、為惡，是要自己負起完全責任的，而不能把責任推到人（心）自身之外。此兩點的意思，即我們在前文所論說之意，故我們可說：人之主體性自己不思，是造成惡的根本原因。由於人的一切行為均發自主體性，因此，人要對其所作所為負責。

在此，或許有人要問：主體性為何會不思？

答：這是因為主體性本來就是自由的，它本來就有完全的選擇自由（純粹的自由），所以它可以思，也可以不思，而由它的不思，正可以顯示出它的自由。

也就因為人的主體性是自由的，而且它不思時會自己不安（按：由此可見人性本善），所以如果人的主體性「不自曠其宅，那麼，『思則得之』，即使環境惡劣，一傅眾咻，人也自能作中流之砥柱，於富歲既不會變賴，凶歲也不會變暴的。」〔註20〕

以上即是孟子對「惡的根本起因」的看法。明瞭了這個看法之後，我們在此還有兩個觀念必須說明：

1. 我們規定「主體性不思」為惡的根本起因，而不說它本身為惡。亦即：我們說惡並不在此「心不思」的「原因」上說，而是就著「心不思」所可能產生的一念陷溺與以後的一切表現之「結果」——如傷人傷己的結果或種種的負面影響——而說。這就如同「下雨」是造成「水災」的原因（按：「下雨」可能造成「水災」，「心不思」可能造成「惡」），但「下雨」並不是「水災」，「下雨」是一回事，「水災」又是一回事，兩者並不等同。同理，「心不思」是一回事，「惡」又是另一回事，「心不思」並不是「惡」。此規定亦適用於我們在第一步驟中，所論的「心不思」與「生命的虛妄」，即：「心不思」可以

〔註19〕同註7，頁100。
〔註20〕引自《孟子義理疏解》一書，曾昭旭先生所撰《修養論》，頁107。

造成「生命的虛妄」，但「心不思」本身並不是生命的虛妄。「心不思」是一回事，「生命的虛妄」本身又是另一回事。

2. 我們說「心不思」而導致順軀殼起念或一念的陷溺或「蔽於物」，這是就「本質歷程」而言，而非就「發生歷程」而說的。就「本質歷程」或「本質」上而言，則「實存的心不思」是「因」，而「順軀殼起念」、「一念之陷溺」與「蔽於物」是「果」。因有心之不思，所以才使得外物或軀殼有侵入及影響心的機會，而產生一念之陷溺於物的結果。若沒有心不思的「因」，那麼也沒有一念陷溺於物的「果」可言。

但若就「發生歷程」或「發生」上說，則「心不思」與「一念之陷溺於物」，根本就是同時發生而無時間之先後可言的，而且根本就是同一事的兩面，只不過「心不思」是就主體性自身而說，是偏重內在的說法；而「一念之陷溺於物」，則是就主體性與外物交接時，被外物所遮蔽、所迷惘的這一面而說，是偏重外在的說法而已！實則兩者是同時成立的。當心不思時，即呈現爲一念之陷溺於物；而當一念之陷溺於物時，亦即表示此時心自己已不思了。因此，當我們說：心不思是惡的根本起因，以及心不思可以導致一念的陷溺時，乃是從「本質」上立言的；而若從「發生」上說，則心不思即同時表現爲一念的陷溺，此時我們當然也可以說：一念的陷溺就是惡的根本起因，〔註21〕而如此一來，則一念的陷溺，既可說是惡的根本意義，同時也可說是惡的根本起因了。

而在說明了以上兩個觀念之後，以下即再論述「惡的助緣」。

（二）「惡」的助緣

上文所論，乃是人之所以有惡與爲惡的主要及根本原因；唯在主要及根本原因之外，孟子尚有論及，足以增長人之爲惡的次要與輔助原因，此即是此處所說的「惡的助緣」。此「助緣」爲何？孟子在《告子上》第八章說：

> 雖存乎人者，豈無仁義之心哉？其所以放其良心者，亦猶斧斤之於木也，旦旦而伐之，可以爲美乎？其日夜之所息，平旦之氣，其好惡與人相近也者幾希，則其旦晝之所爲，有梏亡之矣。梏之反覆，則其夜氣不足以存；夜氣不足以存，則其違禽獸不遠矣。人見其禽獸也，而以爲未嘗有才（筆者按：「才」指「性」）焉者，是豈人之

───────────

〔註21〕唐君毅先生即是以「一念之陷溺」爲惡的根本起因，此說散見於其所著之《人文精神之重建》與《道德自我之建立》等書。

情（筆者按：「情」亦是指「性」）也哉？

我們在前文中曾說：心不思會造成人心一念的陷溺，甚至會使人墮落到「相倍蓰而無算」的地步。而在這個墮落於罪惡深淵的過程中，若以孟子此處所說觀之，則「慣性」（曾昭旭先生語）顯然扮演了一個重要的角色。由於它的生起、形成與增強，而愈來愈構成人行為的驅使力量，終於儼然成為人的主體（按：當然它是虛妄的主體），而驅使人不順其本性而行，而助長了人之為惡。故我們可以說：慣性是人之有惡與為惡的「助緣」，是人之有惡與為惡的次要與輔助原因。

而所謂「慣性」，乃是指人生命中的習性或經驗模式，它對於人的活動與行為有著相當的影響。一般說來，它愈成形或它所累積的力量愈強，則對人的負面影響就愈大。而若就孟子的義理而言，則慣性的產生，乃是來自於人心（主體性）的不思（一念的陷溺），而導致人之不善或非禮之行為與念頭一再發生，於是這些不善或非禮之行為，便會逐漸形成了一種驅使人活動與行為的習性或經驗模式，而我們就稱此習性或經驗模式為「慣性」。

慣性的力量並不是一成不變的，它可以隨著人不斷地涵養其心性而減低；也可以因為人時時不涵養其心性而增強，而助長人心之蔽，助長人之為惡。強大的慣性力量，對於人之為惡是有很大的推波助瀾作用的，如果沒有慣性遮蔽本心，那麼單單是心不思，恐怕不至於使人墮落到「相倍蓰而無算」與「違禽獸不遠」的地步。這個意思，孟子在這一章中，即有適當的表白（按：當然，孟子並沒有說出「慣性」兩個字）。

首先，孟子肯定人人皆有仁義的心性，但由於某些人不能存養其心性，而在白晝與外物交接時又順其慣性而行，所以他在白天的所作所為，便把他的「夜氣」與「平旦之你」桔亡了，甚至「桔之反覆」，「夜氣」與「平旦之氣」既然桔亡，則他的本心善性便不足以顯，於是他便離禽獸不遠了。在此，孟子所謂的「夜氣」，乃是指：人在夜裏獨處時所自然涵養的生命氣質，或人在夜裏獨處而未與外物交接時的生命情景或狀態。〔註22〕在這種情形下，由於人沒有和外物交接，本心善性隔絕了外物的干擾，所以人的心性比較容易不自覺地浮現出來。因此，「夜氣」乃是指本心善性浮現時的生命狀態，而不是指人在夜裏與外物隔絕時所生發的一點善心或善念〔註23〕；而「平旦之氣」

〔註22〕此語聞之於曾昭旭先生。
〔註23〕楊伯峻《孟子譯註》一書中解釋「夜氣」即是此意。

乃是指人養息整夜，清晨起來，尚未與外物交接時的生命情景〔註24〕，因此，「平旦之氣」亦可說是「夜氣」，只不過它是「夜氣」到達最清明時的狀態，所以人在「平旦之氣」時，其本心善性更容易浮現。但雖本心善性在「夜氣」與「平旦之氣」時較易浮現，唯其在此情景中，所顯露的心性之力量是很微小的，所以孟子才說「其好惡與人相近也者幾希」。到了第二天白晝，由於人與外物接觸，「物交物，則引之而已矣」（《告子上》第十五章），人便順其慣性而盲目行動，而違背了良知的本心本願，於是就一再地把他在夜裏與清晨，所浮現的善念善心都幾乎給「梏亡」了。如此一來，日復一日，則人之慣性愈來愈成形，力量也愈來愈強大，於是便儼然成為人生命的主體。而由於其力量愈來愈強大，所以它也就更加造成人心不斷地陷溺，更加壓迫著本心而使本心更不容易顯露，主體性更不容易發揮其思的作用，如此道消魔長，久而久之，於是虛妄的慣性，乃極強烈地裏脅人，使而「人日離其道德本性，終致其自然生息出的善習，整個被斲傷、淹沒不見，而人亦遂徹底墮落為禽獸」了。〔註25〕

關於慣性的生起、逐漸形成，以及它對人墮落為惡的影響，曾昭旭先生曾有一番極為精采與詳細的說明，他說：

> 在初時，這些非禮義之言行（按：非禮義之言行初來自於主體性不思或不順人心的本性本願）還只是偶然出現，倏忽即過；所以對這一剎那而言，固然實質上已是良心的自我違反，並因而形成自我的遮蔽，以及真我假我間的矛盾對立；但其遮蔽的力量畢竟仍太弱，其自我的假相畢竟仍未成形，更未牢固，所以其矛盾對立的態勢也只是一剎那便消失，而本心依然朗照。在這情形下，我們是直可以不覺此一剎那的幽暗矛盾之存在的。
>
> 但如果我們不用工夫去存養本心，而任這種偶然非禮的念頭或言行一再發生，它們便會漸漸形成一種「慣性」的力量，這力量愈累積而愈強，其遮蔽性也就愈大。遂儼然成形，好似是一實質存在之物，而足以與良心的本性本願相抗衡。這便形成了人心中持續的矛盾衝突，天人交戰。在這階段，我們可以明白覺知良知的存在，因為我們的確經常為自己所作的錯事感到羞愧痛苦；但同時也明白覺知心

〔註24〕同註22。
〔註25〕同註7，頁102。

魔的存在，因爲我們也確實感受到種種誘惑力量的強大。

然後，由於我們依然不曾積極做存養本心的工夫，而只靠天賦自然的力量是無法消滅那心魔的膨脹的；於是順著慣性的累積，那儼然若有其實羌無故實的自我假相更形牢固，其遮蔽良心的力量愈大，相對的，良心的呼聲也似乎日益微弱了。於是人心中的矛盾衝突漸漸衰息，看似風平浪靜，實則只是人心的麻木疲軟；而所謂人心的麻木疲軟，則實不是指其本性本願已全不發用，而是由於遮蔽於其上的假相太厚，遂使此心的真誠發用透不出重圍，而不易爲人所明白覺察而已。到這階段，我們便覺得這人似乎是個徹底的壞胚子，而不免懷疑他到底有沒有良心了。〔註26〕

曾先生在此以三個連續的部分，來說明慣性的生起、逐漸形成，以及終儼若成爲人生命之主體而陷入於罪惡的過程：第一部分說明了慣性之生起，乃是非禮之言行的偶然呈現。其實，若說實了，則人的非禮之言行，乃是由心不思所導致而成的，故慣性原初實導致於「實存的心」不思；第二部分說明了若人已有非禮之言行產生，而他仍不用工夫去存養本心因而使得其非禮之言行一再重覆發生，則這些非禮之言行將逐漸形成慣性的力量，以與良心的本性本願互相抗衡，此時人的內心是處在天人交戰的矛盾衝突中；而最後一部分，則是說當人生命中的慣性已逐漸成形了，而他仍然不積極地去存養其本心，則慣性的力量將愈積愈大，終至儼若成爲人生命之主體而支配人之行爲，而壓迫人的良心。到最後，人就成了麻木不仁的壞胚子了，因而他也就與禽獸沒什麼分別了。

由曾先生的說法及上文的討論，則我們可說：人之所以有惡與爲惡的「助緣」，依孟子的看法，乃在於人的「慣性」；復由本節第一、二小節的論述，則我們可得孟子對於惡的來源之較完整的看法，此即：

惡之生成，其主因在於主體性的不思（心不思）；而助緣則在於慣性的影響。由心不思而一念陷溺於物，而導致人的非禮之言行一再發生，故而漸漸形成虛妄的慣性，以竊居人之主體的地位，以與物相取；復由虛妄慣性的逐漸形成，其力量日趨於強勢而使得心更不易發揮其思的作用，因之亦蒙蔽或泥陷了本心，而使本心更不易在人的日常生活中呈現，以爲人的主宰。於是心不思導致慣性的產生；慣性的逐漸形成又強化了心不思，兩者相因，流連

〔註26〕同註20，頁120。

輾轉，於是形成惡性循環，終導致人之爲惡墮落，甚至與禽獸無異。而此即可說是孟子對惡的來源之綱要見解。

孟子對惡的來源之看法既如上述，那麼如何去掉惡呢？此待下節討論。

第二節　論去「惡」的工夫 〔註27〕

人的生命活動既然會產生罪惡，那麼人要如何去除它呢？靠禱告嗎？靠各種神祇的賜福嗎？還是靠讀萬卷書以獲得各類知識來幫助人去惡？依孟子的義理，則上述三種方法皆不足以滌除人之罪惡，亦皆不足以防止人之入於罪惡之境。那麼孟子認爲，人要如何才能滌除罪惡呢？要如何才能使人免入罪惡之境呢？此即是本節所欲處理的問題，即：去惡的工夫問題。

而在處理此問題之前，我們有兩個要點必須先加以說明：

（一）我們知道孟子之學，在理論上可分爲「內聖」與「外王」兩大部分，而「內聖」之學又可分爲「本體論」與「修養論」（或「工夫論」、「實踐論」）二部分。由於本論文是以「本體論」爲主，而僅旁涉些微之「工夫論」，故本論文主要在於論述孟子性善的正面義理及惡的來源，而對於去惡的工夫問題僅欲作簡要的說明。因此，在本節中，只有論述孟子對於去惡的主要工夫──「思」──的意義。

（二）由於孟子是理想地看人性，特重人類的光明面，所以他說的工夫，大多是著重在人性正面（本心善性）的擴充直達，而不重在對治人的負面。亦即：孟子說工夫，乃是重在：人有了本心善性之後，如何直接將此本心善性的作用推擴出去，以立人達人。而不重在：人有了罪惡之後，如何去對治與去除此罪惡。唐君毅先生曾在其《中國哲學原論‧導論篇》一書中，論及此意，他說：

> 吾人如扣緊孟子言性善……便知孟子之修養此心之工夫，純是一直道而行之工夫。其本義實簡截，尚無宋明儒所講者之較多曲折。宋明儒所講者之多曲折，因其工夫全爲反省的，而重在對治反面之人欲、意氣、意見、氣質之蔽等者……故吾意剋就孟子以言孟子，其

〔註27〕此處所謂的「工夫」，乃是指儒家式的工夫，而非指道家式或佛家式的工夫。關於此三者之不同，約略言之，則儒家式的工夫，乃是指使人成聖成賢的一切方法；道家式的工夫，乃是指使人成爲眞人的一切方法；而佛家式的工夫，則是指使人成佛的一切方法。

修養此心工夫，要點只在直下依此惻隱、羞惡、辭讓、是非之心之流露處，擴充而直達之。「人能充無欲害人之心，而仁不可勝用也；人能充無欲穿窬之心，而義不可勝用也；人能充無受爾汝之實，無所往而不爲義也。」「毋爲其所不爲，毋欲其所不欲，如此而已矣。」此處之工夫，實尚不類宋明理學家工夫之重存天理去人欲，雙管齊下，存養與省察，是是非非，雙管齊下。而只是順惻隱、羞惡等心之起處，直達出去。工夫即在此直達。此處可並不見有人欲待剋治，即可初不重對此反面者，在內心上加以省察的工夫。〔註28〕

又說：

如由不忍牛之觳觫，至不忍人，不忍天下之民，而依仁心行仁政；由不忍親之委於溝壑，而爲之棺槨，無使土親膚，爲之衣衾，爲之祭祀；即是此惻隱之心，孝親之心之一直流行。此中即有工夫。而此工夫中，可並無反面之私欲雜念，待省察克制。此中全部工夫，可只爲正面之直達。〔註29〕

唐先生以爲：孟子言工夫，只是順著本心之流露或呈現處而直達擴充出去，而且在此工夫中，可並無反面之私欲雜念等待省察克治，故唐先生此說，實與本文此處所論者相同而可作爲本文所說之佐證也。因此，我們可以說：

孟子所說的工夫，重在積極地推擴人性之正面或光明面而成全「善」，而較不重在消極地對治人性之反面或黑暗面而去除「惡」（按：其實若就「本質」而言，人性無所謂黑暗面，黑暗面僅可就「發生」上說）。

但既然如此，爲什麼本節的標題不說「爲善的工夫」而卻說「去惡的工夫」呢？這是因爲說「去惡的工夫」，乃是順著第一節的「惡的來源」問題之理路一脈傳沿下來的，即是順著人既然有了罪惡這事實而說的，亦即：我們在此之說工夫，只是針對罪惡既已產生而該如何去除之而說，而非針對人性之善該如何推擴之使人成聖而說的，故我們只說「去惡的工夫」而不說「爲善的工夫」。

其實若說實了，則「去惡的工夫」與「爲善的工夫」並沒有什麼不同，所不同者，只是前者是消極的說法而後者是積極的說法罷了。對一個自覺地

〔註28〕參閱唐君毅：《中國哲學原論・導論篇》（台北：學生書局，民國75年9月全集校訂版），頁98。

〔註29〕同註28，頁99。

做工夫與從事道德實踐的人來說，則去惡適足以爲善或去惡即可說是爲善；而且不論是「去惡的工夫」或「爲善的工夫」，就其最基礎、最根本與最核心的工夫而言，都只是心之「思」而已。若心一「思」，則善顯惡消，人當下便是一價值的存在。這時說他去惡或爲善都是可以的，只不過是說法的不同罷了。

明瞭了以上的兩個要點之後，下面便對工夫的意義及類別稍作說明，並正式申論去惡的基本與主要工夫——「思」——的意義。

一、「工夫」的意義與類別

我們在註二十七中已說過：本節所說的工夫，乃是指儒家式的工夫，同時也很簡略地說明了它的意義。在此，我們願對此一義的工夫，作進一步的補充和說明。

所謂「（儒家式的）工夫」，其意義可以有各種不同的說法，若約略或簡單地說，則工夫乃是指：凡能證得或體證本心善性（心性本體）的一切方法；但若較詳細地說，則所謂工夫乃是指：「使一有感性之私，氣質之蔽者，透過各種方法之運用，以去除其私蔽，而達於本心本性完全朗現之謂。」〔註30〕而若用前節論「實存的心」與「本心」之概念來說，則「工夫」乃是指：使一個人由其現實之實存的心理狀態，完全轉化、躍升爲本心（道德心靈）的作用，所使用的一切方法，亦即是使人之「主體性」與「道德性」完全縮合爲一之一切方法。雖然工夫可以有各種不同的說法，可以簡單地說，可以詳細地說，也可以用「心」的概念來說，但儘管說法不同，其意義卻是相同的，都是指：人由一實然或現實的存在、轉化、躍升爲一（道德）價值的存在之一切方法。

依此，則方法當有無數種，而且這些方法尚可以加以分類，以便於瞭解與掌握，在此，即依牟先生之說，而將工夫分爲兩大類，一爲助緣工夫，二爲本質工夫：〔註31〕

（一）助緣工夫

此又可稱爲「輔助工夫」，乃是指：在道德實踐中，對於本心善性而言，

〔註30〕參見許宗興：《孟子義理思想研究》，頁126。
〔註31〕牟先生此說主要見於其所著之《心體與性體》四鉅冊（包括《從陸象山到劉蕺山》），而散見於其演說之文中。

並非本質之相關的工夫，亦即是指：對於體證或證得心性本體而言，並非直接的或本質上相關的工夫。依此，則凡是能間接而輔助地促成心性本體之朗現者，皆可謂之「助緣工夫」。故凡改過遷善、讀書窮理、尚友古人〔註32〕、時時反省（按：如曾子所說的「吾日三省吾身」）、善良習俗或優美環境之薰育、企慕聖賢而依其言而行，乃至誠心遵守世間之道德法律等皆屬之。雖然助緣工夫對「證體」而言，並無本質上之相關性，但它仍然是很重要的，尤其對於世俗的一般人更是如此。世俗的一般人，由於他們對本心善性並無體認或無深刻之體認，故常不能自覺順本心來從事道德踐履，而只能依助緣工夫來貞定他們的生命活動，所以助緣工夫，對於一般人的生活與行為，以及整個人類社會的安定和諧，有著很大的裨益與貢獻，因此它也是很重要的。畢竟，真正能夠體證到心性本體而自覺地從事道德實踐的儒者，在現實的社會裏，人數還是不多的。

（二）本質工夫

「助緣工夫」既然與證得心性本體無直接或本質上的相關，那麼「本質工夫」自然與證得心性本體，就有直接且本質的相關了。而且我們說：「本質工夫」根本就是直接依本心善性以作工夫，它所依靠的本質的根據，只是心性本體自身的力量，故它是道德實踐的最主要工夫。

本質工夫，依照牟先生的說法，就是所謂的「逆覺體證」。「覺」是良知自身的明覺，「逆」是方向詞，與「順」相對，乃是根據孟子「湯武反之也」之「反」字而來。「逆覺」又可稱為「警覺」，乃是良知或本心自己反而覺察到自己在覺，是良知自己的發現自己，而在此「逆覺」中，即含有一種肯認或體證，肯認良知並以之為體，故稱之為「逆覺體證」。而依牟先生之說，逆覺體證又可分為兩種：一為「內在的逆覺體證」，二為「超越的逆覺體證」，故本質工夫實有兩型，以下即分別地稍加說明。

1. 內在的逆覺體證

這又是「本質工夫」中，最本質與最根本的工夫，它是不離人的日常生命活動，而又當下處理人的行為的一種工夫。所以說「內在」之意，乃是指：

〔註32〕「尚友古人」一語出自《孟子》。《孟子・萬章下》第八章云：「一鄉之善士斯友一鄉之善士……天下之善士斯友天下之善士。以友天下之善士為未足，又『尚論古之人』。頌其詩，讀其書，不知其人，可乎？是以論其世也。是『尚友』也。」

這種工夫是就著人在現實的生活中之良心發現或呈露處，即隨其呈露反而自覺地意識及之，不令其滑過而直下體證肯認之以為體，不必隔絕現實生活而從靜中體證之意。故「內在的逆覺體證」乃是「當下即是」的工夫，它不僅是道德實踐最本質、最重要的工夫，同時也是孟子工夫論中最重要的工夫，即是「思」也。

2. 超越的逆覺體證

這是逆覺體證的另一種型態，雖然它也可以說是本質工夫，但卻不是「最」本質的工夫，相較於「內在的逆覺體證」，則「內在的逆覺體證」才是最本質的工夫。此一路的工夫，乃是與胡五峰同時的儒者李延平（朱子之師）所開出，它的特徵在於「危坐終日，以驗夫喜怒哀樂未發之前氣象為何如，而求所謂中（筆者按：即中體，亦即誠體、心體、性體、天命流行之體等，所指是一，言偶不同）者。」〔註33〕這步工夫函有一種「本體論的體證」，但卻是超越的體證。所謂「超越」，乃是指這路工夫與現實生活暫時隔離一下，如默坐、危坐終日。而在此默坐中澄心，在此默坐中去作逆覺體證的工夫，希冀經由此工夫以見心性本體（或中體），「以期清澈吾人之生命，由此以『中』導『和』，才能引生道德的行為，成就道德的創造，最後達於『天地位，萬物育』」〔註34〕的境界。

以上二型都是本質工夫，都可說是「逆覺體證」，但剋就孟子而言，則孟子義理並無「超越的逆覺體證」這路工夫，而只有「內在的逆覺體證」之工夫。

工夫的意義與類別既明，以下即論述去惡的主要工夫——「思」。

二、去「惡」的主要工夫——「思」

在前文中我們曾說：「思」是主體性中一種足以綰合主體性與道德性，而使二者是一的特殊功能或作用；也說「思」同時是本心的作用，而且本心是一定會與一定要「思」的（按：我們不可說本心自己會不思）；又說「思」是「逆覺體證」，是「內在的逆覺體證」。其實，前文中說的「思」乃是指著「工夫義的思」，亦即是我們此處所欲專門討論的對象。但《孟子》一書中，除了「工夫義的思」之外，尚有其他意義的「思」。在此，我們將引陳大齊先生之說，將《孟

〔註33〕見朱熹：《朱文公文集》，第九十七卷〈延平行狀〉。
〔註34〕見蔡仁厚：《宋日理學・南宋篇》，頁71。

子》一書中所說的「思」之各種意涵稍作分別，然後取出其中最主要的「工夫義的思」作專門的論述。依陳先生之說，《孟子》一書言及「思」者，除引《詩》三次外，其餘之「思」，依其意涵，大致可分為五大類：〔註35〕

（一）「思」解作「意志」者

如《滕文公上》云：「吾聞夷子墨者。墨之治喪也，以薄為其道也。夷子『思』以易天下，豈以為非是而不貴也。」又如《告子上》云：「使弈秋誨二人弈……一人雖聽之，一心以為有鴻將至，『思』援弓繳而射之。」二例中之「思」即是。

（二）解作「希求」者

如《離婁下》之「周公『思』兼三王以施四事。」及《盡心下》之「孔子豈不欲中道哉！不可必得，故『思』其次也。」的兩個「思」字，即作「希求」解。

（三）解作「想到」或「念及」

如《公孫丑上》之「伯夷……『思』與鄉人立，其冠不正，望望然去之。」及《萬章下》之「伯夷……『思』與鄉人處，如以朝衣朝冠坐於塗炭也。」的兩個「思」字，即作此解。

（四）解作「體認」者

如《離婁上》之「……『思』誠者，人之道也。」《告子上》之「仁義禮智，非由外鑠我也，我固有之也，弗『思』耳矣。」及「人人有貴於己者，弗『思』耳矣。」的三個「思」字，其義即是指「體認」。

（五）解作「思惟」者

如《公孫丑上》云：「北宮黝……『思』以一毫挫於人，若撻之於市朝。」《離婁下》云：「禹『思』天下有溺者，由己溺之也，稷『思』天下有飢者，由己飢之也。」又如《告子上》云：「耳目之官不『思』而蔽於物，物交物，則引之而已矣。心之官則『思』，『思』則得之，不『思』則不得也。此天之所與我者，先立乎其大者，則其小者不能奪也。此為大人而已矣。」等例中之「思」即屬之。

〔註35〕請參見陳大齊先生所著的《孟子的名理思想及其辯說實況》（台北：商務印書館，民國72年11月六版）一書之第一章第二節。

　　按：陳先生此分法，前四類大致能成立，但第（五）類則頗有問題，尤其他在其中所列舉的「耳目之官⋯⋯」例子中之「思」字，根本不能解作「思惟」，而反應列入第（四）類的「體認」中。當然，若陳先生所謂的「思惟」是指道德心的價值判斷作用，是由本心而發，則其所說當然可以成立。但由於他旨在援引孟子之辯說以入名理，而「名理的核心問題為是非問題，判別是非的作用，是理智作用中的思惟作用。」〔註36〕思惟作用既是理智作用的一種，則它不必含道德意義而可為中性（道德中立）義，因此陳先生又說：

　　　　孟子的重視思惟⋯⋯不過思惟是否必然遵行正道而決不會走入邪

　　　　途，從孟子所用思字尚難作明確的推定。〔註37〕

由此可知：陳先生所說的「思惟」並不是指道德心的價值判斷作用。但孟子明說「心之官則思，思則得之，不思則不得也」，思則道德心性呈現，善顯惡消，那麼怎會「走入邪途」？怎麼會從孟子所用的思字，難以推定「思惟是否必然遵行正道而決不會走入邪途」？故此「思」當然具有道德意義。那麼陳先生之將此「思」，解作中性義之名理的思惟作用，不是錯誤了嗎？同時由他的說法，我們也可知陳先生之對孟子義理的理解，在工夫論方面，是有不諦當之處的。

　　在陳先生此一分法中，第（四）類的「體認」之意，便是孟子所說「工夫義的思」，惟其所說尚嫌簡略，故我們將再進一步地詳細說明此「工夫義的思」，而由於前三類之「思」的意義與孟子之工夫論無關，故在此僅欲對第（四）類的「思」義作論述。（以下即以「思」代替「工夫義的思」）

　　首言「思」的重要性。我們在前文中曾說：「思」是道德實踐中最根本、最基礎與最核心的工夫；在此，我們將說：孟子的主要工夫，皆環繞此「思」之工夫而說，而且都必須以「思」為基礎、為其內在動力方可說，故「思」為孟子義理中工夫之基始與樞要，而在孟子之工夫論中，佔有核心的地位。牟宗三先生說：

　　　　「思」是其（指心官）本質的作用，故通過此「思」字，它可以與

　　　　耳目之官區以別。「思」能使你超拔乎耳目之官之拘蔽之外，它是能

　　　　開擴廣大你的生命者。故若你能思，則你便得到你的心官（你的仁

　　　　義之本心）而實有之，即你的心官（仁義禮智之本心）便可存在這

裏而不放失；你若不思而只隨物欲轉，一若純任耳目之官而逐物，則你便得不到你的心官（仁義之本心）而實有之，即你的心官（仁義之本心）便不能存在這裏而亡失。此處以思不思定心之存亡，前第八中以操存與否定心之存亡。操存是工夫語，思是心官所發之明，操存底可能之內在的動力，即其最內在的根據，即是「思」也。「先立乎其大者，則其小者不能奪也」，此中之「立」亦是由思而立。〔註38〕

牟先生這一段話，將「思」在孟子工夫論中的重要性與核心地位表露無遺。「思」是本心善性所發之明，它可以開擴人的生命，可以使人超拔乎耳目之官的拘蔽。它也可以決定本心善性的存（顯）或亡（隱）：若「思」，則本心存；若不思，則本心亡，故欲使本心存而不亡，則須作「思」的工夫。而且「思」是操存工夫的內在動力與內在根據，同時也是「先立乎其大者」之所由立者。「其實不惟此也，孟子所常言之工夫，如操持存養、推擴其心、知言養氣等，無非立基於此而說。操持存養是虛說是形式的說，如何操如何持如何存如何養，其具體內容仍只是『思』，〔註39〕即連「盡心知性知天」的「盡心」工夫，也不過是將本心「思」的作用擴充至極罷了。（按：「盡心」即盡本心之思的作用）故若要對孟子之工夫論有所把握，則必須先對「思」的意義有所體會。

　　以上所論即「思」在孟子工夫中之重要性。

　　次再論「思」之真實意義。

　　《孟子》一書真正言及「工夫義的思」者，大致有下列四章：

　　（一）是故誠者，天之道也；「思」誠者，人之道也。（《離婁上》第
　　　　　十二章）

　　（二）仁義禮智，非由外鑠我也，我固有之也，弗我思固耳矣。（《告
　　　　　子上》第六章）

　　（三）耳目之官不「思」而蔽於物。物交物，則引之而已矣。心之
　　　　　官則「思」，「思」則得之，不「思」則不得也。（《告子上》
　　　　　第十五章）

　　（四）欲貴者，人之同心也。人人有貴於己者，弗「思」耳矣。（《告

〔註38〕同註3，頁51。
〔註39〕同註30，頁152。

子上》第十七章）

雖然孟子在上述的章句中論及「思」字，但綜觀《孟子》全書，卻無一處對此「工夫義的思」之真實意涵，作一明確交待。而前儒雖偶有言之，但卻不太清晰或者語焉不詳，如趙歧注引文（一）「思誠者，人之道也」爲：

> 思行其誠，以奉天者，人之道也。

注引文（四）「人人有貴於己者，弗思耳矣」爲：

> 人人自有貴者在己身，不思之耳。

趙歧的這二個注文可說是「語焉不詳」，說了等於沒說，而讀的人也不知所謂「思」到底是何意義？其實質內容爲何？又如朱子註引文（一）「思誠者，人之道也」爲：

> 思誠者，欲此理之在我者，皆實而無僞。

「欲此理之在我者，皆實而無僞」，其實是「思誠」的「目的」，而不是「思誠」本身的意義，故朱子此說，也沒有提到「思」的意義與實質內容，所以也可說「語焉不詳」，說了也等於沒說。

在此，我們將引牟宗三先生之說，來闡明此「工夫義的思」之意義。他說：

> 覺悟乃至頓悟固爲孟子所未明言，然亦未始非其所必函。「學問之道無他，求其放心而已矣」。就求其放心言，學、問即學以覺之，問以「覺」之也……「心之官則思，思則得之，不思則不得也」。「思」即覺（覺悟）也。「欲貴者，人之同心也。人人有貴于己者，弗思耳矣」。弗思即弗覺。覺則乃知人人皆有貴于己之「良貴」。若非「逆覺」其本心，焉有所謂「良貴」？「誠者，天之道也。思誠者，人之道也」。思誠即「逆覺」而肯認其本有之誠體也。〔註40〕

牟先生在此段中，將「思」解釋爲「覺」、「覺悟」或「逆覺」，但「覺悟」與「逆覺」等又是什麼呢？牟先生說：

> 所謂「覺悟」者，即在其（良知善性）隨時透露之時警覺其即爲吾人之本心而肯認之耳。肯認之即將操存之，不令放失，此是求其放心之本質的關鍵。一切助緣工夫亦無非在促成此覺悟，到有此覺悟時，方是求其放心、復其本心之切要處。一切積習工夫、助緣工夫並不能直線地引至此覺悟。由積習到覺悟是一步異質的跳躍，是突

〔註40〕參見牟宗三：《從陸象山到劉蕺山》，頁170。

變。光是積習，並不能即引至此跳躍，躍至此覺悟，其本質之機還
是在本心透露時之警覺……警覺還是在自己……本質的關鍵或主因
唯在自己警覺——順其呈露，當下警覺而肯認之。〔註41〕

牟先生在此已將「思」（覺悟）的意義，大致表白出來，似即是我們前文所說
的「內在的逆覺體證」；並區分了「本質」與「助緣」兩工夫，而由「助緣工
夫」到「本質工夫」（覺悟或警覺）乃是一異質的跳躍。牟先生下面的這二段
話，則將「思」（警覺、覺悟與逆覺）的意義說得更明確，他說：

警覺亦名曰「逆覺」，即隨其呈露反而自覺地意識及之，不令其滑過。
故逆覺中即含有一種肯認或體證，此名曰「逆覺體證」。此體證是在
其於日常生活中隨時呈露而體證，故此體證亦曰「內在的逆覺體
證」，言其即日常生活而不隔離，此有別於隔離者，隔離者則名曰「超
越的逆覺體證」。不隔離者是儒家實踐底定然之則，隔離者則是一時
之權機，此兩者不可混同。〔註42〕

又說：

又，逆覺之覺，亦不是把良知明覺擺在那裏，而用一個外來的無根
的另一個覺去覺它。這逆覺之覺只是那良知明覺隨時呈露時之震
動，通過此震動而反照其自己。故此逆覺之覺就是那良知明覺之自
照。自己覺其自己，其根據即是此良知明覺之自身。說時有能所，
實處只是通過其自身之震動而自認其自己，故最後能所消融而爲
一，只是其自己之真切地貞定與朗現（不滑過去）。〔註43〕

牟先生的這兩段話，則將「思」的意義更明確地表達出來。「思」即是「警覺」、
「逆覺」，亦即是「內在的逆覺體證」，而非「超越的逆覺體證」。關於「內在
的逆覺體證」之義與此二者之分別，由於前文已述，茲不再贅述。而此「內
在的逆覺體證」之動力或發動者，亦不是在本心之外，而根本是本心自己，
故「內在的逆覺體證」實可說：本心在日常生活中，隨其呈露而自己察覺到
自己、自己發現到自己而以之爲體。但牟先生以「內在的逆覺體證」來解釋
「思」，在《孟子》一書中是否可以找到根據呢？我們的答案是肯定的。如《告
子上》第十五章：

〔註41〕同註40，頁165。
〔註42〕同註40，頁229。
〔註43〕同註40，頁231。

心之官則思，思則得之，不思則不得也。

「思」則本心善性顯；「不思」則本心善性不顯，則顯然「思」爲「本質工夫」，與「證體」有直接之相關。但本質工夫只有兩型，而孟子又不主「超越的逆覺體證」，故「思」爲「內在的逆覺體證」之意甚明。又如：

> 操則存，舍則亡；出入無時，莫知其鄉……。（《告子上》第八章）
> 求則得之，舍則失之，是求有益於得也，求在我者也。（《盡心上》第三章）

「操」與「求」是形式的說，其具體內容只是「思」。一「操」、一「求」即是「思」，「思」則本心善性便存、便呈現；而「不思」（舍）則本心善性便隱而不顯，便「亡失」，故「思」實是「內在的逆覺體證」之義也。

由以上之討論可知：雖然孟子並沒有明確說明「思」的意義，但由於牟先生之說頗能契合孟子義理，且在《孟子》書中可以找到相關證據，再加以牟先生此說，乃是基於他對傳統儒學之深刻體會。故我們可以認爲：牟先生此種說法，即使非孟子之本義，至少也可爲其「思」之義理所含或與孟子本義相近。而在沒有出現更妥當、更圓滿的解釋前，在此，本文即以牟先生所說的「內在的逆覺體證」爲去惡的主要工夫——「思」之眞實意義了。

第四章 結 論

　　經過以上幾章的討論，我們可以得到下列幾個簡要的結論：

　　一、孟子乃是透過兩種方式，來說人性，來對性善之「性」，作一內容上的限定的：一是「正面而積極地表詮」之；二是「反面而消極地遮撥」之，而且後者主要是要凸顯前者所表詮之主張，使前者之主張更加明確。

　　從「正面而積極地表詮」這一方式來說，孟子之說人性，乃是從人禽之辨說起，故其所說的性善之「性」，即是指人禽之辨的「幾希」之處，亦即是人之所以爲人而異於禽獸的「本質」所在，而且此人禽之辨的「本質」爲一價值的概念，而非定義中的知識概念。故孟子之說人性，其實就是要確立人的地位，即：人是一價值的存在而禽獸卻不是，所以人是既尊嚴又可貴的。而此「幾希」之處，即是「仁義」，即是「四端之心」，即是「良知良能」，亦即是道德的「本心」。故孟子之說人性，若落實了，即是從「本心」來說「性」，故「本心」即「性」，「性」即「本心」。而「本心」是生而即有的，是先天固有的，而且它是「思則得之」的，是人人皆可自由作主而無待於外的，因此，「性」也是先天固有的，它的實現，也是人人皆可自由作主而無待於外的。

　　而若從「反面而消極地遮撥」這一方式說，則孟子認爲「性」不是「命」，而且他還提出了「性命對揚」之說，來改變當時的人將「命」說成是「性」的觀念。至於「性」與「命」之主要差別則有兩點：（一）「性」之實現，乃人人皆可自由作主而無待於外，但「命」之實現則否；（二）「性」是人所獨有而禽獸所無，是人之價值與尊貴所在，而「命」則否。

　　透過上述兩種方式，孟子於是很完整地將性善之「性」，作了一內容的限定。

二、「本心」並非只是人從大腦中，所憑空想像出來的產物（概念），而是一真實呈現，它隨時都可呈現在人的生命活動中，如：人之乍見孺子將入於井，當下便會有怵惕惻隱之心；又如：人之有羞惡之心與尊嚴感而弗食「嘑爾」與「蹴爾」之食等，都是本心為一真實呈現的例子。

三、「本心」不僅只是一真實呈現，同時它也是「道德的主體」，而且還可以進一步引申說是「道德的本體」，所以「本心」為道德之根與價值之源也。

所謂「本心」為「道德的主體」，其義係指「本心」：一為人的一切道德判斷與道德行為之根源或發動者，它能自覺地從事道德判斷與發動道德行為，故「本心」為倫理道德之裁決者與執行者；二為一切道德判斷與道德行為所依循的最高標準或法則所在，或者此最高標準與法則，即由「本心」所自發，此義即象山所謂「心即理」之意，亦近於康德所謂「意志之自律」。故依此義，「本心」亦為倫理道德的（自我）立法者。

而所謂「本心」為「道德的本體」，其義係指：「本心」為天地萬物生化的最高原理，即宇宙之本體也；唯此本體乃是道德意義的，有道德的創造性能，而能賦予及點化天地萬物以道德價值，故稱「本心」為「道德的本體」也。

而「本心」之所以能由「道德的主體」義，進而引申為「道德的本體」義，實乃由於人之不斷地從事道德實踐，而使其本心之感通覺潤無方、無息與無止境所證知的，而並非由人之憑空臆測或理智思考而得的。同時此「引申」，也是孟子義理所允許的。

總而言之，「本心」為一「自由無限心」，它具有「心體」、「心能」、「心理」、「心宰」與「心存有」等五義；而由於「本心」即「性」，故性亦相對而有「性體」、「性能」、「性理」、「性分」與「性覺」等五義也。

四、「善」有兩個層次或兩種意義：一為與「惡」有對之「相對善」；二為與「惡」無對、超善惡對待相之「絕對善」。而孟子「性善說」之「善」即是「絕對善」。然不論是「相對善」或「絕對善」，其根源皆在本心善性，而且依孟子，「絕對善」即是本心善性，切不可離本心善性而言「善」也，亦不可謂自然宇宙間有客觀而獨立的「善」存在也。

「相對善」乃是價值判斷的指謂謂詞，是形容表現上的事之相狀或對于表現層上的事，所作的一價值判斷；而「絕對善」，則是超越善惡相對相的本心性體之「至善」，它是道德判斷的最高與絕對標準，本身不接受判斷。此「絕

對善」，即是性善之「善」，乃是指人先天固有的爲善能力。它是「良能」、「本心」，亦即是性善之「性」，故性善說之「善」，實亦即是性善說之「性」也。

五、「善」既然就是「性」，故孟子所說的「性善」，其實乃是一分析命題，因此，「性善說」「性善說」的眞義，實爲「人性本善說」，而非「人性向善說」、「人性應善說」或其它各種說法。

六、雖然孟子並沒有明確地表示他所說的「心」可有二義，但由《孟子》一書的脈絡來看，則孟子所說的「心」實有二義，即：「實存的心」（主體性）與「本心」（道德性或眞實的主體性）是也。不過由於孟子是理想地看人，所以他特重「本心」一義並以之爲吾人之性。「實存的心」具有「純粹的自由」，它只問自由不自由而不管合理不合理，故它又可稱爲「純粹的自由心」；而「本心」則具有「充分的自由」。它是既自由又（自願）合理的，故它又可稱爲「充分的自由心」。又，「實存的心」之「思」的這一面，「實存的心」之常態表現的這一面即是「本心」，故「主體性」與「道德性」能否是一的關鍵，唯在心之「思」的作用。

七、「惡」的根本意義爲：人之主體性「順軀殼起念」或「一念之陷溺」；而其完整意義，則是：人之主體性順軀殼起念，以及由此所衍生、所表現的一切。而關於「惡」的來源問題，依孟子之見，其根本起因，乃在於主體性的不思（心不思）；而其助緣，則在於「慣性」的影響。由心不思而一念陷溺於物，而導致人的非禮之言行一再發生，故而漸漸形成虛妄的慣性，以竊居人之主體的地位，以與物相取；復由虛妄慣性的逐漸形成，其力量日趨於強勢，而使得心更不易發揮其思的作用，因之亦蒙蔽或泥陷了本心，而使得本心更不容易在人的日常活動中呈現，以爲人的主宰。於是心之不思導致了慣性的產生，慣性的逐漸形成又強化了心之不思，兩者相因，流連輾轉，於是形成了惡性循環，終於導致人之爲惡墮落，甚至與禽獸無異的地步。而這正是孟子對於「惡」的來源之綱要見解。

八、所謂「工夫」，其義係指：使人成聖的一切方法，亦即是使人之主體性與道德性完全縐合爲一之一切方法。它有兩大類別：一是助緣工夫。此工夫對於證體並無直接與本質之相關；二是本質工夫，此工夫對於證體有直接與本質之相關，而且是直接依本心善性而起用的。此本質工夫，依牟先生之說，即是所謂的「逆覺體證」。而「逆覺體證」，又可分爲兩類型：「超越的逆覺體證」與「內在的逆覺體證」，故本質工夫實有兩型。在此兩型中，後者一

—即「內在的逆覺體證」，就是孟子所說去惡的工夫中之最根本、最基礎與最核心的工夫，即是「思」也。故「思」即是「內在的逆覺體證」。由於本文的論述範圍，乃是以孟子的心性論為主而僅旁涉些許之工夫論，故對於去惡的工夫，只說明了最本質的「思」（內在的逆覺體證）的工夫。

　　所謂「思」，所謂「內在的逆覺體證」，它是不離人的日常生活而當下處理人行為的一種工夫。這種工夫乃是就著人在現實的生活中之良心發現或呈露處，即隨其呈露而當下自覺地意識及之，不令其滑過而直下體證、肯認的工夫，亦即「思」乃是本心在人的日常生活中當下地自己發現自己、自己體察到自己，而一「發現」、一「體察」，則善性立即呈現，善顯惡消，故孟子才說「思則得之」，才說「求則得之」。而若人能時時地從事「思」的工夫，則其善性便時時呈現，善性時時呈現，則「惡」在他的生命中便不足以存，而且他的生命，也會常常顯露出善的光輝而臻於聖賢之境了。

參考資料

一、**參考書籍**（依書名筆劃排列）

1. 《人文精神之重建》，唐君毅著。台北：學生書局，民國77年5月全集校訂版。

2. 《人生之體驗》，唐君毅著。台北：學生書局，民國74年1月全集校訂版。

3. 《人生之體驗續編》，唐君毅著。台北：學生書局，民國73年7月全集校訂版。

4. 《人生理想與文化》，周群振著。台北：商務印書館，民國77年1月二版。

5. 《人生隨筆》，唐君毅著。台北：學生書局，民國78年全集初版。

6. 《人間的悲劇與喜劇》，朱建民著。台北：漢光文化事業公司，民國77年2月版。

7. 《才性與玄理》，牟宗三著。台北：學生書局，民國74年4月修訂七版。

8. 《大學義理疏解》，岑溢成著。台北：鵝湖出版社，民國75年9月三版。

9. 《孔子學說論集》，陳大齊著。台北：正中書局，民國68年2月台七版。

10. 《孔孟荀哲學》，蔡仁厚著。台北：學生書局，民國77年2月版。

11. 《心物與人生》，唐君毅著。台北：學生書局，民國73年2月全集校訂版。

12. 《王船山哲學》，曾昭旭著。台北：遠景出版公司，民國72年2月初版。

13. 《中國人性論史‧先秦篇》，徐復觀著。台北：商務印書館，民國 76 年 3 月八版。

14. 《中國文化要義》，梁漱溟著。台北：里仁書局，民國 71 年 9 月版。

15. 《中國古代思想史論》，李澤厚著。台北：漢京文化事業公司，民國 76 年 2 月活版一刷。

16. 《中國古代哲學史》，胡適著。台北：遠流出版事業公司，1986 年 5 月遠流一版。

17. 《中國思想史》，錢穆著。台北：學生書局，民國 72 年 9 月四版。

18. 《中國思想史論集》，徐復觀著。台北：學生書局，民國 77 年 2 月八版（台六版）。

19. 《中國思想史論集‧續編》，徐復觀著。台北：時報文化出版公司，民國 74 年 11 月初版二刷。

20. 《中國思想傳統的現代詮釋》，余英時著。台北：聯經出版事業公司，民國 76 年 8 月二次印行。

21. 《中國哲學十九講》，牟宗三著。台北：學生書局，民國 75 年 10 月第二次印刷。

22. 《中國哲學小史》，馮友蘭著。書局及版次不詳。

23. 《中國哲學史》，馮友蘭著。書局及版次不詳。

24. 《中國哲學史（一）》，勞思光著。台北：三民書局，民國 75 年 12 月增訂再版。

25. 《中國哲學史（三上）》，勞思光著。台北：三民書局，民國 76 年 2 月版。

26. 《中國哲學史大綱》，蔡仁厚著。台北：學生書局，民國 77 年 8 月初版。

27. 《中國哲學的方法論問題》，馮耀明著。台北：允晨文化實業公司，民國 78 年 9 月版。

28. 《中國哲學的特質》，牟宗三著。台北：學生書局，民國 73 年 4 月七版（學六版）。

29. 《中國哲學原論‧原性篇》，唐君毅著。台北：學生書局，民國 73 年 2 月全集校訂版。

30. 《中國哲學原論‧原教篇》，唐君毅著。台北：學生書局，民國 73 年 2 月全集校訂版。

31. 《中國哲學原論‧原道篇》，唐君毅著。台北：學生書局，民國 75 年 10 月集校訂版。

32. 《中國哲學原論‧導論篇》，唐君毅著。台北：學生書局，民國 75 年 9 月全集校訂版。

33. 《中國哲學論集》，王邦雄著。台北：學生書局，民國 75 年 2 月再版。

34. 《心理學》，張春興著。台北：東華書局，民國 71 年 8 月修訂九版（合訂本）。

35. 《中國學術思想史論叢（二）》，錢穆著。台北：東大圖書公司，民國 69 年 1 月再版。

36. 《中國學術通義》，錢穆著。台北：學生書局，民國 77 年 2 月第五次印刷。

37. 《中庸義理疏解》，楊祖漢著。台北：鵝湖出版社，民國 72 年 10 月初版。

38. 《王陽明哲學》，蔡仁厚著。台北：三民書局，民國 72 年 2 月修訂初版。

39. 《王陽明傳習錄及大學問》，王陽明著。台北：黎明文化事業公司，民國 75 年 11 月初版。

40. 《王陽明傳習錄詳註集評》，陳榮捷著。台北：學生書局，民國 77 年 2 月修訂再版。

41. 《心體與性體（一）》，牟宗三著。台北：正中書局，民國 76 年 5 月初版。

42. 《心體與性體（二）》，牟宗三著。台北：正中書局，民國 74 年 8 月台初版第六次印刷。

43. 《心體與性體（三）》，牟宗三著。台北：正中書局，民國 75 年 1 月初版第七次印行。

44. 《生命的學問》，牟宗三著。台北：三民書局，民國 76 年 2 月版。

45. 《四書大義》，程兆熊著。台北：明文書局，民國 77 年 5 月初版。

46. 《四書章句集註》，朱熹著。台北：鵝湖出版社，民國 73 年 9 月初版。

47. 《四書釋義》，錢穆著。台北：學生書局，民國 75 年 10 月第三次印刷。

48. 《比較哲學與文化》，吳森著。台北：東大圖書公司，民國 67 年 7 月初版。

49. 《存在主義》，松浪信三郎原著，梁祥美譯。台北：志文出版社，民國 77 年 3 月再版。

50. 《存在主義概論》，李天命著。台北：學生書局，民國 75 年 3 月五版。

51. 《自我的超越》，曾昭旭著。台灣省訓練團，民國 78 年 11 月版。

52. 《西洋哲學史》，傅偉勳著。台北：三民書局，民國 75 年 8 月八版。

53. 《名家與荀子》，牟宗三著。台北：學生書局，民國 74 年 3 月三版。

54. 《先秦諸子繫年》，錢穆著。台北：東大圖書公司，民國 75 年 2 月初版。

55. 《宋元學案》，黃宗羲原著，全祖望補修。台北：華世出版社，1987 年 9 月台一版。

56. 《宋史》，脫脫等撰。台北：中華書局，民國 60 年 12 月台二版。

57. 《宋明理學》二冊（含《北宋篇》及《南宋篇》），蔡仁厚著。台北：學生書局，民國 77 年 2 月第五次印刷。

58. 《我思故我在》，笛卡兒（Rene' Descartes）原著，錢志純譯。台北：志文出版社，民國 77 年 9 月再版。

59. 《孟子》，繆天綬選註。台北：商務印書館，民國 65 年 7 月台一版。

60. 《孟子正義》，焦循著，沈文倬點校。台北：文津出版社，民國 77 年 7 月版。

61. 《孟子的名理思想及其辯說實況》，陳大齊著。台北：商務印書館，民國 72 年 11 月六版。

62. 《孟子待解錄》，陳大齊著。台北：商務印書館，民國 70 年 6 月二版。

63. 《孟子義理疏解》，王邦雄、曾昭旭、楊祖漢合著。台北：鵝湖出版社，民國 74 年 10 月修訂三版。

64. 《孟子趙註》（收入《十三經注疏》），趙岐著。台北：藝文印書館，民國 71 年 8 月九版。

65. 《孟子譯注》，楊伯峻著。台北：華正書局，民國 75 年 8 月版。

66. 《明心篇》，熊十力著。台北：學生書局，民國 73 年 3 月影印四版。

67. 《東西文化及其哲學》，梁漱溟著。台北：里仁書局，民國 72 年 7 月版。

68. 《近思錄》，朱熹編，張伯行集解。台北：商務印書館，民國 75 年 4 月台十版。

69. 《性學三論・愛情心理學》，佛洛依德（S. Freud）原著，林克明譯。台北：志文出版社，1989 年 10 月版。

70. 《明儒學案》，黃宗羲著，繆天綬選註。台北：商務印書館，民國 75 年 2 月台六版。

71. 《胡子知言》（集於《粵雅堂叢書》），胡宏著。台北：藝文印書館，民國 54 年影印本。

72. 《時代與感受》，牟宗三著。台北：鵝湖出版社，民國 75 年 9 月再版。

73. 《倫理學》，法蘭克納（William K. Frankena）原著，黃慶明譯。台北：有志圖書出版公司，民國 71 年版。

74. 《倫理學大綱》，謝幼偉著。台北：正中書局，民國 73 年 5 月初版第十二次印刷。

75. 《倫理與原理》，謨耳（G. E. Moore）原著，蔡坤鴻譯。台北：聯經出版

公司，民國 73 年 9 月第三次印行。

76. 《倫理學新論》，謝扶雅著。台北：商務印書館，民國 78 年 4 月三版。

77. 《徐復觀文錄（一）》，徐復觀著。台北：環宇出版社，民國 60 年 1 月版。

78. 《徐復觀文錄（二）》，徐復觀著。台北：環宇出版社，民國 60 年 1 月版。

79. 《哲學概論》二冊，唐君毅著。台北：學生書局，民國 74 年 10 月全集校訂版。

80. 《哲學講話》，波謙斯基（J. M. Bochen'ski）原著，王弘五譯。台北：鵝湖出版社，民國 76 年 7 月六版。

81. 《莊子藝術精神析論》，顏崑陽著。台北：華正書局，民國 74 年 7 月初版。

82. 《國史大綱》，錢穆著。台北：商務印書館，民國 77 年 3 月修訂十五版。

83. 《從西方哲學到禪佛教》，傅偉勳著。台北：東大圖書公司，民國 75 年 6 月初版。

84. 《理則學》，牟宗三著。台北：正中書局，民國 75 年 12 月台初版第九次印行。

85. 《從陸象山到劉蕺山》，牟宗三著。台北：學生書局，民國 68 年 8 月初版。

86. 《現象與物自身》，牟宗三著。台北：學生書局，民國 73 年 8 月四版。

87. 《張載集》，張載著。台北：漢京文化事業公司，民國 72 年 9 月初版。

88. 《康德的道德哲學》，牟宗三譯註。台北：學生書局，民國 72 年 10 月再版。

89. 《象山全集》，陸象山著。台北：中華書局，民國 55 年 3 月台一初。

90. 《圓善論》，牟宗三著。台北：學生書局，民國 74 年 7 月初版。

91. 《道德自我之建立》，唐君毅著。台北：學生書局，民國 74 年 9 月全集校訂版。

92. 《道德的理想主義》，牟宗三著。台北：學生書局，民國 74 年 9 月修訂六版。

93. 《道德與道德實踐》，曾昭旭著。台北：漢光文化事業公司，民國 74 年 4 月三版。

94. 《新儒家的精神方向》，蔡仁厚著。台北：學生書局，民國 73 年 9 月再版。

95. 《精神分析入門》，約瑟夫‧洛斯奈（Joseph Rosner）原著，鄭泰安譯。

台北：志文出版社，民國74年6月再版。

96. 《實然應然問題探微》，黃慶明著。台北：鵝湖出版社，民國74年4月版。

97. 《論語的人格世界》，曾昭旭著。台北：漢光文化事業公司，民國76年10月版。

98. 《論語義理疏解》，王邦雄、曾昭旭、楊祖漢合著。台北：鵝湖出版社，民國74年10月修訂三版。

99. 《論語譯注》，楊伯峻著。台北：華正書局，民國77年8月初版。

100. 《儒家倫理學析論》，王開府著。台北：學生書局，民國77年7月第二次印刷。

101. 《儒家與現代人生》，傅佩榮著。台北：業強出版社，1989年6月初版。

102. 《學術與政治之間》（新版），徐復觀著。台北：學生書局，民國74年4月台再版。

103. 《儒道之間》，王邦雄著。台北：漢光文化事業公司，民國76年12月初版。

104. 《儒學第三期發展的前景問題》，杜維明著。台北：聯經出版公司，民國78年5月初版。

105. 《儒學探源》，周群振著。台北：鵝湖出版社，民國75年7月修訂再版。

106. 《儒學與現代思潮》，服部宇之吉著。台北：文鏡文化事業公司，民國72年8月初版。

107. 《儒學與康德的道德哲學》，楊祖漢著。台北：文津出版社，民國76年3月版。

108. 《戴東原的哲學》，胡適著。台北：遠流出版公司，1986年7月遠流一版。

109. 《體用論》，熊十力著。台北：學生書局，民國73年2月第四次印刷。

110. 《靈魂與心》，錢穆著。台北：聯經出版公司，民國73年5月第六次印行。

二、參考期刊論文（依論文名筆劃排列）

1. 〈「一心開多門」之商榷〉，邱黃海著。《鵝湖月刊》第一一八期。

2. 〈人性向善論——對古典儒家的一種理解〉，傅佩榮著。《哲學與文化月刊》第一一三期。

3. 〈心的性質及其實現〉，蔡仁厚著。《鵝湖月刊》第九十四期。

4. 〈「生之謂性」釋論〉，岑溢成著。《鵝湖學誌》第一期。

5. 〈宋明理學演講錄（一）（二）（三）（四）〉，牟宗三著。《鵝湖月刊》第一五六、一五七、一五八及一五九期。

6. 〈孟子告子篇之「情」與「才」論釋〉，岑溢成著。《鵝湖月刊》第五十八與五十九期。

7. 〈孟子的四端之心與康德的道德情感〉，李明輝著。《鵝湖學誌》第三期。

8. 〈孟子性善論證立〉，許義灯著。《鵝湖月刊》第一四○與一四一期。

9. 〈孟子義理思想研究〉，許宗興著。國立政治大學中國文學研究所博士論文。

10. 〈孟子與康德的自律倫理學〉，李明輝著。《鵝湖月刊》第一五五期。

11. 〈荀子性惡論析辨〉，岑溢成著。《鵝湖學誌》第三期。

12. 〈陸王一系人性論之省察〉，蔡仁厚著。《鵝湖學誌》第二期。

13. 〈「無限心」的概念之形成〉，楊祖漢著。《鵝湖學誌》第一期。

14. 〈論道德理論與道德體驗〉，曾昭旭著。《鵝湖月刊》第一六一期。

15. 《儒家人性本善論今釋》，劉國強著。《鵝湖月刊》第一六一期。

16. 〈儒家心性論的現代化課題〉，傅偉勳著。《鵝湖月刊》第一一三與一一六期。

17. 〈「儒家心性論的現代化課題」一文之討論〉，高柏園著。《鵝湖月刊》第一二二期。

附錄一：《論語》的「仁」及其與「和諧」之關係析論

摘　要

　　本文旨在對《論語》的「仁」，以及它與「和諧」的關係作一析論，以：一者，呈現「仁」的各種意義；二者，析論「仁」與「和諧」的各種關係；三者，指出儒學就是追求和諧之學，或者就是和諧之學。

　　全文共分成四小節完成：壹是「前言」。旨在交代撰寫本文的問題意識與相關事項；貳是『『仁』的各種意義』。旨在剖析《論語》的「仁」，至少具有「本質義的仁」、「工夫義的仁」、「理想義的仁」、「仁者」、「仁厚之俗」、「風俗仁厚之地」與「人」等七義；參是『『仁』與『和諧』的關係』。旨在說明「和諧」的意義及其各種類型，以及論述「仁」與「和諧」的各種關係；肆是「結論」。旨在綜覽全文，並將它作一總結，以簡要呈現本文的論點。

　　本文的結論主要是：「本質義的仁」，可說是「和諧的根據與動能」及「和諧的本性與本願」；「工夫義的仁」，可說是「和諧的努力」與「和諧的奮進」；「理想義的仁」，可說是「和諧的狀態」與「和諧的境界」；「仁者」，可說是「身心」、「人我」、「物我」與「天人」整體和諧之人，或是「大有功於人類社會整體和諧之人」；而「仁厚之俗」，則可說是「和諧的風俗」；至於「風俗仁厚之地」，則可說是「民風和諧之地」。因此，以「仁」為核心的儒學，其實就是和諧之學。

關鍵詞：論語、仁、和諧、儒學、本質義的仁、工夫義的仁、理想義的仁、仁者

壹、前　言

本文的撰寫，主要是由以下的兩個問題意識所引發：

一、《論語》的「仁」，究竟有哪幾種意義？〔註1〕

二、《論語》的「仁」，與所謂的「和諧」，究竟有什麼樣的關係？

二十一年前，筆者就讀中央大學（第一屆）中文所碩士班一年級時，曾蒙曾昭旭老師的指導，而撰寫過〈論《論語》的「仁」〉一文〔註2〕。在該文中，筆者曾指出：

> 《論語》的「仁」，除了有「本質義的仁」、「工夫義的仁」、「實現義的仁」與「總體義的仁」等四大義外，其實至少還有另外四小義可說：「人」、「仁者」、「仁厚之俗」與「風俗仁厚之地」等。同時，它們都可在《論語》中找到相關的理據與佐證。〔註3〕

〔註1〕《論語》一書，不僅是中國與東亞世界最重要的一部經典，同時也是整個人類歷史文化中非常具有代表性的一部鉅著。由於它記錄與呈現了孔子及儒家的生命觀、人生觀、社會觀、政治觀、教育觀、歷史觀、文藝觀、文化觀、價值觀，以及修己治人與內聖外王之道等，因而深刻、廣泛地影響了中國、東亞與世界。它在東方世界的地位，可說是類似於《聖經》在西方世界的地位。正因如此，故在華人與東亞的大學通識教育中，若要推行「經典教育」，則它必然是一部核心的寶典。由於它的中心觀念是「仁」，又由於筆者身為本校通識教育的主管，且對「經典教育」又十分關懷，因此，乃引發我去思索「《論語》的「仁」，究有幾種意義？」這個問題。

〔註2〕因為當時筆者才剛從理學院畢業而轉讀中文所，所以中國哲學的底子甚差，因此，嚴格來說，該文根本稱不上是「學術論文」，而只能算是「學期報告」罷了！同時，在事隔多年之後，筆者也找不到該文了。換言之，該文早已亡佚，而不知所終了。此處所引，只是筆者記憶所及的該文重點與摘要而已！

〔註3〕當「仁」作「人」、「仁者」、「仁厚之俗」與「風俗仁厚之地」等義解時，此時它是一義界明確的「概念語」，比較具有客觀性，而且與人的生命體證或生活情境較無關係；而四大義的「仁」，則基本上乃一隨機指點的「指點語」，它的意義是隨著所指點的情境之不同而有所變化的。同時，它與人的主觀生命體證與生活情境關係較大。因此，當時筆者對「仁」所作的四大字義分析，嚴格來說，並不能算是一客觀的概念分析，而反倒是較為主觀的生命存在情境之分析，因此，這樣的工作，其實也只是筆者自己在展示對「仁」的體悟與理解罷了！所以此四大義並不是「仁」一詞之義的標準答案，而只是給讀者作參考而已！又，在事隔二十一年之後，目前筆者對《論語》「仁」的四大義之理解已稍有不同，我認為它們應該是「本質義的仁」、「工夫義的仁」、「理想義的仁」與「仁者」才對！原先所說的「總體義的仁」，在宋明儒學中有提到，但在《論語》中卻找不到；至於「實現義的仁」，則孔子多以「禮」、「禮樂」或「藝」等詞來代稱，故此詞可暫時擱置不用；而由於《論語》中多次

而在多年之後——前年，筆者則分別在南京大學哲學系宗教學系「博士論壇」，以及南京航空航天大學人文社會學院，演講〈中國哲學的特質〉與〈中華文化的特性〉時提到：

> 中國儒、道、釋三家哲學，至少有六大共同特質：（一）「生命的學問」：它們都以關懷及安頓我們的生命為首要課題，而不同於西方哲學以探究自然、知識或存在為首要課題；（二）「實踐的學問」：它們都重視並強調透過心性修養及生活實踐來安頓生命。而對生命最理想與最圓滿的安頓便是「聖人」、「真人」與「佛」等人格典範了。但如何能成就這些人格典範呢？此主要涉及兩課題：「成就人格典範的根據」與「成就人格典範的工夫問題」。故中國哲學在「心性論」與「工夫論」兩方面，特別重視，也特顯精彩；（三）「自我管理的學問」：它們都相信人可以靠自己的能力來管理自己、支配自己，以及來完成自己的理想人格；（四）「感通的學問」：它們都注重人與外在人、事、物，以及整個環境的感通交融，而不囿於一己之內；（五）「和諧的學問」：它們都注重人自家生命的身、心和諧，以及人與外在人、事、物及整個環境的和諧；（六）「亦哲學亦宗教、亦認知亦引導」：它們都是具自覺性、理論性與系統性的哲學，同時也都深具宗教的安身立命與終極關懷之功用與特色；它們不僅具有認知的功能，同時更著意於對現實人生與世界之引導與提升。〔註4〕

以「仁的理想義」與「仁者」來指稱「仁」，因此，目前筆者認為「本質義的仁」、「工夫義的仁」、「理想義的仁」與「仁者」這四者，才是《論語》的「仁」的四大義與主要義。當然，在這四者之中，前三者為「指點語」，而末者則為「概念語」。另外，要補充說明的是：不管是先前的〈論《論語》的「仁」〉一文或本文（中論及「仁」之處），筆者在撰寫時，其實都有受到曾昭旭老師的啟發，因此，我謹在此向曾老師致上由衷的謝忱！

〔註4〕 筆者在南京大學與南京航空航天大學的演講時間分別是：2005 年 11 月 15 日晚上，以及 2005 年 11 月 16 日下午。其中，在南京大學的演講誠令我深受感動與永生難忘。因聽講的師生都十分投入與認真，不僅講堂內人數爆滿，而且講堂前後門、講台上與走廊上也都站滿或坐滿了人（那晚溫度約僅攝氏 4度，頗寒），同時在演講時與演講後，還有很多人熱烈提問，甚至於與筆者激烈論辯。筆者的演講時間是晚上 6：30，但一直到 10：30 我才離開講堂。而離開後又有一些師生繼續在南大校園內和我討論中國哲學的諸多問題，一直到 11：30 我才回到下榻的旅館。說句真心話：那一晚的演講，我心裡其實是感動得在哭泣的——從沒想到演講或上課是一件那麼震撼心靈與生命的事。返台後我告訴內人：假如一生常能這樣講學，那麼就算沒有演講費或累死在

而這六大共同特質中的第五項，即是「和諧的學問」。由於筆者：一來，對於的個人身心失調，以及罹患憂鬱、躁鬱症等精神疾病之現象日益普遍與嚴重，深感不安與不忍；二來，有鑑於社會日趨對立與混亂，人與人、族群與族群、國與國，以及文明與文明之間，普遍存在著怨懟之氣與不滿之情；三來，對於地球之生物生態與環境生態遭到人為的嚴重破壞，甚感憂慮與痛心；四來，身為本校通識教育中心主任，負有提出通識教育理念與規劃通識教育課程之責。而本校通識課程中的「核心通識課程」〔註5〕，其教學目標即是追求身與心、人與人、人與社會，以及人與自然的整體和諧，因此，遂觸發了筆者去思索：《論語》的核心觀念──「仁」，究竟與「和諧」，有著什麼樣的關係？又，我們應該如何來表述此關係才恰當？

而由以上的問題意識出發，於是我便再次研讀《論語》，並同時在本校開設《中國哲學概論》的自選通識課程，以逼迫自己好好精研孔子思想。而本文，便是在這樣的背景下所撰寫的。我打算讓原典說話，打算再次剖析《論語》中「仁」的各種義涵，並將它們與「和諧」的各種義涵作一比較說明。由於個人學養的不足與體驗的粗淺，因此，本文的內容，勢必有許多值得商榷之處，尚祈　諸位方家與先進們能不吝指出為荷！

貳、「仁」的各種意義

依筆者淺見，《論語》的「仁」，至少有「本質義的仁」、「工夫義的仁」、「理想義的仁」、「仁者」、「仁厚之俗」、「風俗仁厚之地」與「人」等七種意義。其中，前四者的重要性遠超過後三者，它們可說是「仁」的四大義與主

講台上，我都是甘之如飴的。而自從那晚的演講後，從此我便愛上並迷上了在大陸大學的講學，因為，那實在是一種教學與心靈上的享受啊！

〔註5〕所謂「核心通識課程」的「核心」一詞，至少有：（一）「共同的、每個大學生都必修的」或者是「最低限度選修的」（此為「一般義」）；（二）「價值上的核心或最具優先性者」或者是「幾何圖形的中心部分」（此為筆者自己所界定之「系統義」）兩大意義。而因「核心」具有以上兩大意義，所以相對地，「核心通識課程」也有以下兩大意義了：（一）指大學教育中「最低限度選修」或「共同必修」的通識課程。此義的「核心通識課程」，係起源於美國哈佛大學，而後為各國大學所紛紛仿傚。目前國內的大學教師、教育主管與多數學者們，只要一提到「核心通識課程」或「核心課程」一詞，他們心中所理解的便是此義的通識課程；（二）指整個大學通識教育中最重要且最具有價值上之優先性的課程，或是整個大學通識課程地圖中最中心的部分。此義則為筆者所自行提出。

要義，而後三者則只是「仁」的三小義與次要義而已。因此，本節的論述便以前四者爲主；至於後三者，則僅稍作交代。以下我們便逐一來對它們加以說明。

一、「**本質義的仁**」（即「仁心」、「良知」、「誠意」與「愛心」等）：

所謂「本質義的仁」，係指每個人生命中原本就具有的「仁心」、「誠心」、「誠意」、「愛心」與「道德感」等，也就是孟子所說的「良知」、「良能」與「四端之心」等。它不僅是人之所以異於禽獸的本質與特性所在，同時也是道德之根與價值之源。它能時時明覺、健動而引發道德的創造。易言之，它乃是人的道德生活與道德實踐的內在與主觀依據。因爲有它，所以人的踐仁以成聖才有可能。

此義的「仁」，在《論語》中爲數不少，如以下五則引文中的「仁」即是：

1、巧言令色，鮮矣「仁」！（〈學而〉第一）（〈陽貨〉第十七）

一個人若話說得很漂亮、很浮誇，表情裝得很和善、很討人喜歡，那麼他的內心應該是不眞誠（缺少「仁心」，或是「仁心」並沒有顯現出來）的。

2、人而不「仁」，如禮何？（〈八佾〉第三）

一個人若沒有「眞心誠意」（若缺少了「仁心」、沒有表現「仁心」），那麼就算禮貌、禮儀再周到，又怎能稱得上是眞正的禮呢？

3、人之過也，各於其黨。觀過，斯知「仁」矣。（〈里仁〉第四）

人的過錯，有各種類型。只要觀察他所犯的過錯，便可知道他是有「仁心」（有表現「仁」）或沒有「仁心」（沒有表現「仁」）了。

4、志於道，據於德，依於「仁」，游於藝。（〈述而〉第七）

嚮往著眞理的超越面——「道」（天道）；據守著眞理的內在面——「德」（人德）；依循著眞理的主觀面——「仁」（仁心）；悠遊於眞理的客觀面——「藝」（禮樂藝文）。

5、（宰）予之不「仁」也！子生三年，然後免於父母之懷。夫三年之喪，天下之通喪也。予也，有三年之愛於其父母乎？（〈陽貨〉第十七）

宰我眞是沒有「仁心」（孝心）啊！子女出生之後，要經過三年，才能完全脫離父母的懷抱。父母逝世，爲他們守喪三年，乃是天下通行的喪禮。

宰我有對他的父母回饋過三年的愛嗎？〔註6〕

二、「工夫義的仁」（即「行仁」、「踐仁」與「弘仁」等）：

所謂「工夫義的仁」，係指由「本質義的仁」（仁心）所覺發與所從事的一切心性修養與道德實踐。它包含了「修己、治人」、「己欲立而立人、己欲達而達人」、「成己、成人、成物」，以及「格物」、「致知」、「誠意」、「正心」、「修身」、「齊家」、「治國」與「平天下」等在內。由於它，我們的生命，才能由自然的存在轉化成價值的存在，而充滿與展現出無限的道德意義；由於它，我們才有可能成為君子與聖賢，而趨向一理想的人格典範；也由於它，人類社會才能獲致真正的和諧與安樂，而由混亂、小康以臻大同之境。因此，「工夫義的仁」，不管是對個人或社會，都是具有無比的重要性的。

而此義的「仁」，在《論語》中，可說是隨處可見的，如以下十則引文中的「仁」即屬之：

1、孝弟也者，其為「仁」之本與！（〈學而〉第一）

孝弟（悌），應該是「行仁」（踐仁、從事心性修養與道德實踐）的起始點與最初下手處吧！〔註7〕

2、知者利「仁」。（〈里仁〉第四）

能體悟真理而具有大智慧的人，（由於知道「仁」對他自身與人類社會的正面價值，因此，）對於「行仁」與「踐仁」，基本上是有莫大的助益的。〔註8〕

3、君子去「仁」，惡乎成名？君子無終食之間違「仁」，造次必於是，顛沛必於是。（〈里仁〉第四）

君子若沒有了「心性修養與道德實踐」，又何以能成就他君子的美名？（這是因為君子是時時刻刻都在從事反省、自覺與改過遷善的「踐仁」工夫的）君子沒有一頓飯的時刻是不從事「踐仁」與「行仁」的工夫的，不管是在

〔註6〕 「予也，有三年之愛於其父母乎？」一句，亦可解成：「宰我難道就沒有從他父母那裡得到三年懷抱的愛護嗎？」如謝冰瑩等人所著的《新譯四書讀本》（台北：三民書局，1990年），便是作這樣的解釋。

〔註7〕 此引文中的「為仁」，至少兩種解釋：（一）「為」解作「是」，「仁」解成「行仁」，「為仁」即「是行仁」之意；（二）「為」解作「行」，「為仁」即「行仁」也。本文係採（一）之解釋。

〔註8〕 竊以為「知者利仁」，其實就是「智者利於行仁、踐仁」之意。

倉促匆忙或顛沛流離時，都是如此。

4、有能一日用其力於「仁」矣乎？我未見力不足者。（〈里仁〉第四）

真的有人肯花一天的時間，來全心全力地從事「行仁」與「踐仁」的工夫嗎？我還沒有看過力量不夠的。

5、回也，其心三月不違「仁」。（〈雍也〉第六）

顏回啊！他的內心能長久地不離開「踐仁」與「行仁」的工夫，亦即：他能長久地從事心性修養與道德實踐。

6、能近取譬，可謂「仁」之方也已。（〈雍也〉第六）

能夠就近以自己為例，並時常為他人設想（如「己欲立而立人，己欲達而達人」），便可以說是「行仁」與「踐仁」的方法了。

7、「仁」以為己任，不亦重乎！（〈泰伯〉第八）

（士）把「行仁」、「踐仁」與「弘仁」當成是自己的責任，這樣子責任不是很重大嗎！

8、克己復禮為「仁」。（〈顏淵〉第十二）

消解、克制自己的種種私慾，並使自己的言行舉止都能合乎禮，那就是「行仁」與「踐仁」了。

9、如有王者，必世而後「仁」。（〈子路〉第十三）

如果遇有聖王來治理天下，也一定要等三十年後，才能真正「行仁政於天下」（平天下）。

10、當「仁」，不讓於師。（〈魏靈公〉第十五）

從事「心性修養與道德實踐」等工夫，即使是面對師長，也不必謙讓。

而除了以上的十則引文外，在《論語》中，有許多孔子弟子向孔子所問的「仁」，基本上也大多屬於「工夫義的仁」，因此，「工夫義的仁」，可說是「仁」的各種意義中最重要的一種。

三、「理想義的仁」（即「仁道」、「真理」或「理想人格」等）：

所謂「理想義的仁」，既可指理想的「仁道」、「真理」（將「仁」視為「道」或「真理」），亦可指依著「本質義的仁」（仁心）之發用，透過不間斷的「工夫義的仁」之努力過程，所達到的「理想人格」。

就如同「工夫義的仁」的情形一樣，此義的「仁」，在《論語》中也

是隨處可見的。如以下八則引文中的「仁」即屬之：

1、苟志於「仁」矣，無惡也。（〈里仁〉第四）

　　一個人若真能立定志向去追求「仁道」（真理），那他就不會做出任何壞事來了。

2、我未見好「仁」者，惡不「仁」者。（〈里仁〉第四）

　　我從來沒有見過真正愛好「仁道」的人和憎惡不「仁道」的人。

3、求「仁」而得「仁」，又何怨？（〈述而〉第七）

　　（伯夷叔齊）追求「仁道」（真理），而終於得到了「仁道」（真理），這樣還有什麼好怨恨的呢？

4、唯「仁」者，能好人，能惡人。（〈里仁〉第四）

　　只有真正體現「仁道」（真理）而具有「理想人格」的人，才能大公無私地喜好那些應當喜好的人，以及厭惡那些應當厭惡的人。

5、「仁」者安仁。（〈里仁〉第四）

　　充分體現「仁道」（真理）而具有「理想人格」的人，（因為行仁、踐仁便會感到心安理得而無往不適，所以）會安於行仁與踐仁。〔註9〕

6、知者樂水，「仁」者樂山。（〈雍也〉第六）

　　具有大智慧的人，因通達事理而生命靈動似水，所以會喜好水；而充分體現「仁道」（真理）且具有「理想人格」的人，則因安於義理而生命厚重如山，所以會喜好山。

7、「仁」者必有勇，勇者不必有「仁」。（〈憲問〉第十四）

　　充分體現「仁道」（真理）而具有「理想人格」的人，（因為具有浩然的道德生命力，而能持久地勇於從事心性修養與道德實踐，所以）一定具有勇氣；而具有勇氣之人，（則因勇有義理之勇與血氣之勇等之分，所以）未必便具有「仁德」（理想人格）。

8、「仁」者不憂；知者不惑；勇者不懼。（〈憲問〉第十四）

　　充分體現「仁道」（真理）而具有「理想人格」的人，因為心安理得而坦蕩蕩，所以沒有憂慮；具有大智慧的人，因為通達人情事理，所以對世事不會感到迷惑；而深具義理之勇的人，則因一切依理而行而理直氣壯，所

〔註9〕拙見以為：「仁者安仁」，其實就是「仁者安於行仁、踐仁與弘仁」之意。其中，前一個「仁」係「理想義的仁」；而後一個「仁」，則是「工夫義的仁」。

以做人處事無所懼怕。

四、「仁者」（可指「成德之人」或「大有功於仁道傳播之人」等）：

　　所謂「仁者」，在《論語》中至少有兩大意義：一是指「成德之人」，亦即是「本身具有理想人格的人」或「本身時時體現仁道的人」；二是指「一生努力所產生的影響力是大有功於仁道傳播於世的人」。前者係專就個人本身的品德、操守與生命境界來立論，且表示他的品德、操守與生命境界是崇高的，此如殷末的微子、箕子與比干等人；而後者則專就個人與其所處的社會和歷史文化體之關係來立論，它強調的不是個人的品德、操守與生命境界有多崇高，而是著意於個人的努力，對於社會和歷史文化體所產生的重大貢獻，此如管仲等人。

　　此義的「仁」，在《論語》中也為數不少，以下我們便舉幾個例子，來逐一加以疏解：

1、弟子入則孝，出則弟，謹而信，汎愛眾，而親「仁」。（〈學而〉第一）
　　後生晚輩們，進入父母的居室，便要孝順父母；離開自己的家門，便應敬愛兄長；〔註10〕平日的言行當謹慎而有誠信，而且要博愛眾人，同時親近「成德之人」（仁者）。

2、或曰：「雍也『仁』而不佞。」子曰：「焉用佞？御人以口給，屢憎於人。不知其『仁』，焉用佞？」（〈公冶長〉第五）
　　有人說：「冉雍是個『成德之人』（仁者），只可惜口才不好。」孔子說：「何必要口才很好呢？用敏捷、尖銳的辯才來對付人，來與人辯駁，常常會被別人所厭惡。我不知道冉雍算不算是一個『成德之人』（仁者），但他何必要有敏捷與尖銳的辯才呢？」

3、由也，千乘之國，可使治其賦也，不知其「仁」也；……求也，千室之邑，百乘之家，可使為之宰也，不知其「仁」也；……赤也，束帶立於朝，可使與賓客言也，不知其「仁」也。（〈公冶長〉第五）
　　仲由這個人，如果有一個擁有千輛兵車的國家，那麼可以派他去負責該國的軍政與兵役的工作，至於他算不算一個「成德之人」（仁者），那我可就不知道了；……冉求嘛，千戶人口的縣份，可派他當縣長，百輛兵車的

〔註10〕「入則孝，出則弟」，亦可解為：「在家要孝順父母，出門要恭敬長上」，或是「在家要孝順父母，出門要友愛兄弟（因四海之內皆兄弟也）」。

大夫家，也可讓他當總管，但究竟他算不算是一個「成德之人」（仁者），那我可就不知道了；……至於公西赤這個人嘛，穿上禮服，繫著大帶，可以派他擔任外交官和外賓會談，至於他算不算是一個「成德之人」（仁者），那我可就不知道了。

4、若聖與「仁」，則吾豈敢？（〈述而〉第七）

　　如果說我是聖人與「成德之人」（仁者），那我怎麼敢當？

5、微子去之，箕子為之奴，比干諫而死。孔子曰：「殷有三『仁』焉！」（〈微子〉第十八）

　　（殷紂王暴虐無道，）微子便離開他，箕子做他的奴隸，比干苦諫他而被殺。孔子說：「殷商末年有三個『成德之人』（仁者）啊！」

6、子路曰：「桓公殺公子糾，召忽死之，管仲不死。曰未『仁』乎！」子曰：「桓公九合諸侯，不以兵車，管仲之力也。如其『仁』！如其『仁』！」（〈憲問〉第十四）

　　子路問孔子說：「齊桓公殺掉了齊公子糾，召忽盡忠自殺而死，但管仲卻不肯死。這樣看來，管仲應該不算是一位「成德之人」（仁者）吧！」孔子回答說：「齊桓公多次會合諸侯（以尊王攘夷），但卻不憑藉武力，這完全是管仲（鼎力襄贊）的功勞。管仲可說是一位『一生努力所產生的影響力是大有功於仁道傳播於世的仁者』啊！」〔註11〕

　　而「仁」除了有上述的四大義與主要義外，在《論語》中，它尚有其他三小義與次要義，它們分別是：

五、「仁厚之俗」（即「仁厚的風俗與民情」）：

1、里「仁」為美。（〈里仁〉第四）

　　我們所居住的鄉里，應該要有「仁厚的風俗與民情」（仁厚之俗）才好！

〔註11〕孔子賦予管仲「仁」的稱號，主要是就他的功業立論，而非就他本身的人格、操守與品德等來作評價。亦即：孔子乃是說管仲大有功於「仁道」的傳播於世，而能利濟眾生，而非讚譽他本身就是一位「成德之人」或「具有理想人格之人」。關於管仲的大有功於「仁道」的傳播於世，而能利濟眾生這一點，孔子在他處亦曾提及：「管仲相桓公，霸諸侯，一匡天下，民到于今受其賜。微管仲，吾其被髮左衽矣！」（〈憲問〉第十四）而若就管仲本身的人格、操守與品德等來作評價，則孔子對他其實是有所批評的。如說他「器小」（器量狹小）、「焉得儉」（即「奢侈、不知節儉」之意）與「不知禮」（〈八佾〉第三）等。

2、君子篤於親，則民興於「仁」。（〈泰伯〉第八）

　　在上位的統治者若能真誠、篤厚地對待親人，那麼在下位的人民就會興起「仁厚的風俗」。

六、「風俗仁厚之地」：

　　擇不處「仁」，焉得知？（〈里仁〉第四）

　　如果選擇住處，不選在「風俗仁厚之地」，那麼怎能算是明智之舉呢？

七、「人」：

　　井有「仁」焉。（〈雍也〉第六）

　　有「人」掉到水井裡了（或水井裡有掉落的「人」）。

以上所述即是《論語》中的「仁」之七種意義，接下來我們再來論述「和諧」一詞的意義、類型與各種義涵，以及「仁」與「和諧」的各種關係。

參、「仁」與「和諧」的關係

　　在探討《論語》的「仁」與「和諧」的關係之前，我們宜先說明「和諧」一詞的意義及其各種類型與義涵，以為下文的論述預作準備。

　　所謂「和諧」，係指兩對象（或兩主體）或多對象（或多主體）之間的整體感通交融、和順諧調與渾然無分的狀態。在這樣的狀態中，諸對象或主體之間泯除了衝突、對立與分別等，而彼此互相融攝與互為主體。這樣的狀態，可存在於人生命內部的身（生理）、心（心理）之間，此時稱為「身心和諧」或「身心合一」；可存在於人與人之間，此時稱為「人我和諧」或「人我合一」；可存在於人與其他事、物之間，此時稱為「物我和諧」或「物我合一」；可存在於人與大自然之間，此時稱為「天人和諧」或「天人合一」；可存在於人與神之間，此時稱為「神人和諧」或「神人合一」；可存在於陰間與陽界之間，此時稱為「幽明和諧」或「幽明合一」；可存在於組成社會的諸份子、群體與機構等之間，此時稱為「社會和諧」；也可存在於地球上的諸國之間，此時稱為「國際和諧」；（日後若證明真有外星人，則）更可存在地球人與外星人之間，此時則稱為「星際和諧」。因此，「和諧」（的狀態）的類型，可以說是相當多種的。

　　以上所說係專門針對「和諧的狀態」（或「和諧的境界、境地」）來立論，而若問「我們如何能達成這些和諧的狀態、境界或境地」時，則便涉及了「和

諧的根據與動能」、「和諧的本性與本願」、「和諧的努力」與「和諧的奮進」
等課題了。而將《論語》的「仁」之諸義，來和「和諧的狀態、境界或境地」，
以及這些課題作一比較探討，就是本節的論述重心所在了。

　　拙見以為：「仁」與「和諧」的關係，至少有以下幾種：

一、「本質義的仁」，可說是「和諧的根據與動能」以及「和諧的本性與本願」：

　　此為「仁」與「和諧」的第一種關係。這是因為真正「和諧的狀態、境界或境地」是不會憑空出現的，而一定是要經過人為的努力、奮鬥才可達成的。但問題是：努力、奮鬥的原初根據與動能在哪裡？因為若無原初的根據與動能，則「和諧的狀態、境界或境地」是斷不可能出現的。這就如同若無「源」，則亦無「流」的情形一樣。若要「渠流清如許」（此如「和諧的狀態、境界或境地」），則必須要有「活水源頭」（此如「和諧的根據與動能」）才行。而「本質義的仁」，亦即是我們的良知與仁心，便是「渠流清如許」的「活水源頭」，便是「和諧的狀態、境界或境地」之所以可能產生的「根據與動能」了。它乃是道德之根、和諧之源。因為有它，所以我們才有追求（人我、物我等）和諧之境以求心安的永恆企盼與願望；因為有它，所以我們才有動能來從事心性修養與道德實踐，以達成和諧之境；也因為有它，「身心和諧」、「人我和諧」、「物我和諧」、「天人和諧」、「幽明和諧」、「社會和諧」與「國際和諧」等「和諧的狀態、境界或境地」才有可能出現，因此，說「本質義的仁」（仁心或良知），乃是「和諧的根據與動能」，可說是再合適不過了。

　　而這「本質義的仁」（仁心或良知），它還不僅只是「和諧的根據與動能」而已，更重要的是，它還內在於我們的生命之中而成為我們的本性與本願，它的作用與功能是恆指向生命的整全與和諧狀態的。只要生命有所矛盾衝突，或是人我、物我、天人等關係不和諧，則它便會不安。而它只要不安，便會自覺地生起作用與功能，來化解生命的矛盾衝突，來追求人我、物我、天人等關係的和諧，以使自己能夠由「不安」轉為「安」，因此，說它是（我們生命中追求）「和諧的本性與本願」，其實也是十分恰當的。

二、「工夫義的仁」，可說是「和諧的努力」與「和諧的奮進」：

　　此為「仁」與「和諧」的第二種關係。若說「本質義的仁」（仁心或良知），相當於「和諧的根據與動能」及「和諧的本性與本願」，則「工夫義的

仁」（心性修養與道德實踐），就相當於「和諧的努力」與「和諧的奮進」了。同時此「努力與奮進」乃是「本質義的仁」所自覺、自發的，其目的乃是為了滿足它那「和諧的本性與本願」，以使自己由「不安」轉成「安」的狀態。

由於「工夫義的仁」，本是指由「本質義的仁」（仁心或良知）所覺發與所從事的一切心性修養與道德實踐，而「本質義的仁」，又是相當於「和諧的根據與動能」及「和諧的本性與本願」，那「工夫義的仁」，自然就相當於在滿足「本質義的仁」所追求和諧的「本性與本願」的情況下，由「和諧的根據與動能」所覺發與所從事的一切「和諧的努力」與「和諧的奮進」了。而由於「工夫義的仁」包含了一切心性修養與道德實踐在內，所以與其對應的「和諧的努力」與「和諧的奮進」，當然也就包含了上述的一切心性修養與道德實踐在內了。

而由於有「和諧的努力」與「和諧的奮進」，所以我們才能依著「和諧的本性與本願」，而由「和諧的根據與動能」自覺、自發地讓我們的生命，趨向身心和諧、人我和諧、物我和諧、天人和諧、神人和諧、幽明和諧、社會和諧與國際和諧等之境，因此，此一無盡的努力與奮進過程，對於和諧之境的達成與維持，其實是深具影響力的。

三、「理想義的仁」，可說是「和諧的狀態」與「和諧的境界（境地）」：

此為「仁」與「和諧」的第三種關係。就如同前二義的「仁」與前二義的「和諧」的對照關係一樣，「理想義的仁」（道、真理或理想人格等），我們也可說它就相當於「和諧的狀態」與「和諧的境界（境地）」。

就前三義的「仁」來說，由「本質義的仁」自覺、自發地恆常從事「工夫義的仁」的心性修養與道德實踐，便會無限逼近或達到「理想義的仁」的狀態、境界或境地；而我們若將此情形對照於「和諧」之諸義來看，則便可合理推知：

在「和諧的本性與本願」的自我要求下，由「和諧的根據與動能」自覺、自發地從事一切「和諧的努力」與「和諧的奮進」，便會無限逼近或達到「和諧的狀態」與「和諧的境界（境地）」。而這樣的「狀態」、「境界」或「境地」，我們便稱之為「道」、「真理」或是「理想人格」等。《論語》中所謂的「志於道」、「志於仁」與「好仁」等，便是企盼我們的生命能無限逼近或達到如此和諧的「狀態」、「境界」或「境地」，亦即是希望我們能夠擁有與體現這樣的「理想人格」。因此，說「理想義的仁」，相當於「和諧的狀態」與「和諧的

境界（境地）」等，不亦宜乎！

四、「仁者」，可說是「身心」、「人我」、「物我」與「天人」整體和諧之人，或是「對於促進人類社會整體的融通和諧，具有重大貢獻之人」：

此爲「仁」與「和諧」的第四種關係。就「仁」的脈絡來說，第四義的「仁」──「仁者」，既然有二義：「時時體現仁道而具有理想人格的人」，或是「大有功於仁道傳播於世的人」，那相應地就「和諧」的脈絡來說，「仁者」亦有二義：他可指「身心、人我、物我與天人整體和諧之人」，也可指「對於促進人類社會整體的融通和諧，具有重大貢獻之人」。換言之，「時時體現仁道而具有理想人格的人」可說是「身心、人我、物我與天人整體和諧之人」，此如堯、舜、周、孔與殷末的三位仁人等；而「大有功於仁道傳播於世的人」，則可說是「對於促進人類社會整體的融通和諧，具有重大貢獻之人」，此如管仲等。

以上爲「仁」與「和諧」的四種主要對應關係。而除了此四者之外，「仁」與「和諧」尚有以下兩種次要的對應關係，它們分別是：

五、「仁厚之俗」，可說是「和諧的風俗」：

若依此，則「里仁爲美。」可解釋成：「我們所居住的鄉里，應該要有『和諧的風俗（民風）』才好！」

六、「風俗仁厚之地」，可說是「民風和諧之地」：

若依此，則「擇不處仁，焉得知？」可解釋成：「如果選擇住處，不選在『民風和諧之地』，那麼怎能算是明智之舉呢？」

上述爲筆者目前所思及的「仁」與「和諧」的所有對應關係。而在結束本節的論述前，對於「和諧」，筆者尚有另一論點要略加申明，那就是：

在現今的多元社會──國內與國際社會──中，談「和諧」一定要在承認、並尊重多元分立與價值的情況下來談，如此才能得到眞正的和諧。但什麼是眞正的和諧呢？依筆者淺見：和而不同，在「分殊」的情形中，透過彼此的真誠溝通與協調，而取得「理一」的共識，使社會呈現多元並存共榮的狀態，就是所謂的「真和諧」，而若一定要和而必同，由權威的一元來單向宰制國內或國際社會，或許所得到的是一種看似有規矩、有秩序與有條理的社

會和睦狀態，但其實這樣的狀態並非是真正的和諧，而反倒是一種「偽和諧」與「假和諧」而已。這是因為在這樣看似和諧的狀態中，有一方永遠高高在上，而另一方則老是低低在下。高高在上者心態傲慢、盛氣凌人而不懂得尊重對方，他（們）總是認為勢大、官大、位高、權重、軍力強、國力盛，則學問便大、價值便高，便有權利、便理所當然的可以去宰制對方，去叫對方順從自己。有的甚至還一廂情願地認為去宰制對方，其實也就是去解放與造福對方，而完全不知道對方在想什麼，也完全不懂得去了解對方的感受；而低低在下者，則因老是受到強者與高者的欺凌，而在表面上不得不假意屈從求全，但其實其內心深處是充滿著被壓迫的委屈與怨懟之情的。他（們）就好像被外力強壓的彈簧一樣，隨時要伺機反彈；而且壓得愈重，也就反彈得愈厲害。我們只消看一看歷來專制政權的傾頹、二戰時德日等國的罪行，以及現今以美國為首的國際社會恐怖事件頻傳，便可知本文所言不虛。因此，強者學習尊重與體恤弱者，弱者學習不卑且適度地表達其立場，同時大家學習彼此互敬互諒，並發揮「己所不欲，勿施於人」的「仁」的精神，這樣，才能營造與邁向一個真正和諧的社會。

肆、結　論

經由以上的論述，我們可以得到以下五點結論：

一、《論語》的「仁」，至少有「本質義的仁」、「工夫義的仁」、「理想義的仁」、「仁者」、「仁厚之俗」、「風俗仁厚之地」與「人」等七種意義。其中，前四者係「仁」的四大義與主要義；而後三者則僅是「仁」的三小義與次要義而已。

二、在「仁」的四大義與主要義當中，「本質義的仁」，指的是我們的良知或仁心，亦即是我們生命中那知是非、了善惡、能明覺、會惻隱、懂辭讓的道德心；「工夫義的仁」，指的是由「本質義的仁」（仁心），所覺、所發與所做的一切心性修養與道德實踐。它包含了「修己、治人」、「己欲立而立人、己欲達而達人」、「成己、成人、成物」，以及「格物」、「致知」、「誠意」、「正心」、「修身」、「齊家」、「治國」與「平天下」等在內。我們可用「行仁」、「踐仁」與「弘仁」等詞來代稱它；而「理想義的仁」，則既可指理想的「道」（仁道）或「真理」，亦可指依著「本質義的仁」（仁心）之發用，透過不間斷的「工夫義的仁」之努力過程，所達到的「理想人格」等；至於「仁者」，則至

少有兩大意義：一是指「成德之人」，亦即是「本身具有理想人格的人」或「本身時時體現仁道的人」；二是指「一生努力所產生的影響力是有功於仁道傳播於世的人」。前者如殷末的微子、箕子與比干等人；而後者則有管仲等人。

三、所謂「和諧」，乃是指兩對象（或兩主體）或多對象（或多主體）之間的整體感通交融、和順諧調與渾然無分的狀態。在這樣的狀態中，諸對象或主體之間泯除了衝突、對立與分別等，而彼此互相融攝與互為主體。這樣的狀態，其類型至少有「身心和諧」、「人我和諧」、「物我和諧」、「天人和諧」、「神人和諧」、「幽明和諧」、「社會和諧」與「國際和諧」等。而我們若就「和諧」與《論語》的「仁」之關係此一脈絡來立論，，則「和諧」便有「和諧的根據與動能」、「和諧的本性與本願」、「和諧的努力」、「和諧的奮進」、「和諧的狀態」、「和諧的境界（境地）」、「生命整體和諧之人」、「對於促進人類社會整體的融通和諧，具有重大貢獻之人」、「和諧之俗」與「民風和諧之地」等義涵了。

四、就「仁」與「和諧」的關係來說，「本質義的仁」，可說是「和諧的根據與動能」及「和諧的本性與本願」；「工夫義的仁」，可說是「和諧的努力」與「和諧的奮進」；「理想義的仁」，可說是「和諧的狀態」與「和諧的境界（境地）」；「仁者」，可說是「身心」、「人我」、「物我」與「天人」整體和諧之人，或是「對於促進人類社會整體的融通和諧，具有重大貢獻之人」；而「仁厚之俗」，則可說是「和諧的風俗」；至於「風俗仁厚之地」，則可說是「民風和諧之地」。

五、以「仁」為核心的「儒學」，其實就是「和諧之學」，它所追求的乃是「身心和諧」（即「身心合一」）、「人我和諧」（即「人我合一」）、「物我和諧」（即「物我合一」）、「幽明和諧」（即「幽明合一」）、「天人和諧」（即「天人合一」）、「國際和諧」與「世界和諧」等。因此，繼承與發揚儒學，對於促進宇宙人生及社會群體的總體和諧，實在是有莫大的幫助的。

本文刊載於眞理大學《博雅教育學報》第三期，2008 年 12 月。

附錄二：試論「禮」的各種意義
——以《論語》的「禮」爲「主」的探討〔註1〕

摘　要

　　本文旨在通過剖析《論語》的「禮」，而對「禮」的意義作一論述，以：一者，呈現《論語》的「禮」之各種意義；二者，提出本文對「禮」的意義之論點；三者，作爲學界研究孔學與儒學的參考。

　　全文共分四小節完成：壹是「前言」。旨在交代本文的研究動機與相關事項；貳是「《論語》的『禮』之各種意義」。旨在剖析《論語》的「禮」之六（至七）種意涵；參是「全體義」與「系統義」的「禮」。旨在說明整體、完全意義的「禮」，以及本文對「禮」所下的系統的定義；四是「結論」。旨在綜覽全文，並作出簡要的總結。

　　本文的結論主要有二：

　　一、《論語》的「禮」，至少具有「個別儀節義的禮」、「總體典章義的禮」、「具體器物義的禮」、「舉措合宜義的禮」、「內在根源義的禮」與「形上原理義的禮」等六種意義。而我們若把「導之以德，齊之以『禮』」（〈爲政〉第二）句中的「禮」字，詮解爲「禮教」（即「教化作用義的禮」時，則《論語》的「禮」，便有第七種意義了。

　　二、「全體義」的「禮」，係指整體、完全意義的「禮」，亦即是人類社會「合理的文化體」之義。它包括上述七義在內，而爲「最廣義」的「禮」；至於「系統義」的「禮」，則主要是針對與含括「個別儀節義的禮」、「總體典章義的禮」與「具體器物義的禮」三者。它指的是：被人的「仁心」（或「善意」、「愛心」、「敬意」等）所貫注、所點化與所潤澤的一切人、事、地、物也。

關鍵詞：論語、孔子、禮、個別儀節義的禮、總體典章義的禮、具體器物義的禮、舉措
　　　　合宜義的禮、內在根源義的禮、形上原理義的禮、全體義的禮、系統義的禮

〔註１〕本文副題之意係指：以《論語》的「禮」爲「主要」，而非「唯一」的探討對
　　　　象，亦即：論述的對象以《論語》的「禮」爲「主」，而非爲「限」也。

壹、前　言

在正式論述《論語》的「禮」之前，筆者要先提出一連串的問題來供大家一同思考：

就「物」來說，「花」就是「花」，「巧克力」就是「巧克力」，但爲何贈送別人時便稱作「禮物」或「禮品」？「雞」、「牛」、「羊」就是「雞」、「牛」、「羊」，但爲何祭拜時便稱作「牲禮」？「杯子」就是「杯子」，「盤子」就是「盤子」，但爲何祭拜時便稱作「禮器」？「車子」就是「車子」，但爲何結婚時便稱作「禮車」？「衣服」就是「衣服」，「房子」就是「房子」，但爲何舉行正式慶典時便稱作「禮服」與「禮堂」？

就「事」（含「動作」在內）來說，「點頭」就是「點頭」，「揮手」就是「揮手」，但爲何學生見到老師時這麼做便稱作有「禮貌」？「舉手」就是「舉手」，但爲何升旗時這麼做便稱作「敬禮」？「升旗」就是「升旗」，但爲何稱作「升旗典禮」？「結婚」就是「結婚」，但爲何稱爲「婚禮」？「祭拜」就是「祭拜」，但爲何稱爲「祭禮」？「下葬」就是「下葬」，但爲何稱爲「葬禮」？

就「地」來說，「地區」就是「地區」，「國家」就是「國家」，但爲何稱爲「禮儀之鄉」與「禮儀之邦」？

又，就「人」來說（各種正式活動場所中的）「主持人」就是「主持人」，但爲何他（們都）被稱作「禮生」、「司儀」或「司禮」？

而本文的研究動機，便是爲了解答上述的一連串問題的。由於孔子乃是中國與東亞歷史上論「禮」、知「禮」與「行禮」的大師，也由於孔子最重要的代表作乃是《論語》，更由於《論語》中論及「禮」的文句甚多，因此，本文的論述將聚焦於《論語》的「禮」之意義的剖析與說明上。我們希望藉此，以：一者，解答上述的一連串問題；二者，呈現《論語》的「禮」之各種意義；三者，提出筆者對「禮」的意義之論點；四者，作爲學界研究孔學與儒學的參考。

由於個人的學養不足，也由於傳統中國哲學的詞語，在不同的語境與脈絡中常會呈現不同的意涵，因此，本文勢必會有許多值得商議之處，尚祈　與會的諸位專家學者們能不吝賜正爲何！

貳、《論語》的「禮」之各種意義

本文認爲：《論語》的「禮」，至少具有「個別儀節義的禮」、「總體典章義的禮」、「具體器物義的禮」、「舉措合宜義的禮」、「內在根源義的禮」與「形上原理義的禮」等六種意義。以下我們便逐一來論述它們。

一、個別儀節義的禮

如果「禮」指的是整個「合理的文化體」〔註2〕的話，那麼所謂「個別儀節義的禮」，便是指此文化體中偏於外在的那一面向，而且是外在那一面向中，人的各式各樣具體的、個別的行爲及其成果的那些部分。它包括了人的各種「禮貌」、「善行」、「禮節」、「禮數」，以及社會的各種「禮文」、「禮儀」與「生活規範」等在內。

而此種意義的「禮」，在《論語》中可說是隨處可見的，如以下十則引文中的「禮」即屬之：

1、「禮」之用，和爲貴。（〈學而〉第一）

各種「禮節」、「禮儀」的運用與表現，應以行禮者態度的從容不迫，以及達成人我的融通和諧之狀態爲可貴。

2、人而不仁，如「禮」何？（〈八佾〉第三）

一個人若沒有內在的眞心誠意，那麼就算他「禮貌」、「禮數」再周到，又怎能稱得上是眞正有「禮貌」與「禮數」呢？

3、大哉問！「禮」，與其奢也，寧儉。（〈八佾〉第三）

你的問題非常地重要！社會的各種「禮文」與「儀節」，與其講究排場與鋪張，還不如儉樸些好。

4、孰謂鄹人之子知「禮」乎？入大廟，每事問。（〈八佾〉第三）

誰說「這位鄹邑的年輕人」（筆者按：指「孔子」）熟知各種「儀節」與「禮數」呢？他進入周公廟後，每件事都要請問人家。

5、子貢欲去告朔之餼羊。子曰：「賜也！爾愛其羊，我愛其『禮』〔註3〕。」

（〈八佾〉第三）

〔註2〕有關「合理的文化體」之義，請參閱曾昭旭：《孔子和他的追隨者》（台北：漢光文化公司，1993年），頁66。

〔註3〕此處的「禮」，除可解成「個別儀節義的禮」之外，亦可解爲「形上原理義的禮」，即「禮之所以爲禮之『理』」，詳見本文六～1。

子貢想要免除每月舉行告朔禮儀中所供奉的餼羊。孔子說：「賜啊！你所愛惜的是那隻羊，而我所愛惜的卻是那種『儀式』本身。」

6、居上不寬，為「禮」不敬，臨喪不哀，吾何以觀之哉？（〈八佾〉第三）

在上位者若心胸不夠寬闊，行「禮」（舉行「禮儀」時）時不夠恭敬，參加喪事時也不會哀傷，那麼他（們）還有什麼可以值得我欣賞的呢？

7、子所雅言：詩、書、執「禮」，皆雅言也。（〈述而〉第七）

孔子（平時說魯國的家鄉話，但）有時會講周朝的國語（官話）：像他在吟唱《詩經》的詩篇，朗讀《書經》的文章，以及執守與舉行各種「禮儀」及「典禮」時，所講的話都是周朝的國語（官話）。

8、拜下，「禮」也。今拜乎上，泰也，雖違眾，吾從下。（〈子罕〉第九）

臣子覲見君主，應先拜於大堂之下，然後再登堂拜謁，這乃是古代的「禮儀」與「禮文」；但現在的臣子覲見君主，則免去了堂下的拜禮，而直接在堂上拜謁，同時態度倨傲。雖然違反大眾的通行做法，但我還是主張臣子應先在堂下舉行拜禮才是！

9、曰：「學『禮』乎？」對曰：「未也。」「不學『禮』，無以立！」鯉退而學「禮」。（〈季氏〉第十六）

家父（筆者按：指孔鯉之父孔子）問我說：「你學過各種『禮文』與『禮儀』了沒有？」我回答說：「沒有。」家父又說：「如果你沒有學習各種『禮文』與『禮儀』的話，那麼是無法立足於社會的。」我（孔鯉）告退後便聽從家父的指示，而去學習各種「禮文」與「禮儀」了。

10、三年之喪，期已久矣！君子三年不為「禮」，「禮」必壞。（〈陽貨〉第十七）

子女為父母的逝世守喪三年，為期實在太久了。君子如果三年不學習與不執行各種「禮儀」及「禮文」的話，那麼這些「禮儀」與「禮文」一定是會毀壞的。

二、總體典章義的禮

就如同「個別儀節義的禮」的情形一樣，「總體典章義的禮」指的也是：「禮」這個「合理的文化體」中，偏於外在的那一面向；但不同於「個別儀節義的禮」的是：它指的是外在那一面向中「總體」的、而非個別的部分。它包含了國家社會總體的「禮制」與「典章制度」等在內。而這樣的「禮」，

其實也就是「柔性的總體社會規範」，而有別於「法」爲「剛性的總體社會規範」也。〔註4〕

此義的「禮」，在《論語》中，也像「個別儀節義的禮」一樣，乃是爲數眾多的。如以下八則引文中的「禮」即屬之：

1、道之以政，齊之以刑，民免而無恥；道之以德，齊之以「禮」〔註5〕，有恥且格。(〈爲政〉第二)

如果（在上位者）用政令來治理人民，用刑法（罰）來整頓百姓，那麼他們只會要求免於被處罰而已，而不會有羞恥感；但如果用道德來引導人民，用「禮制」與「典章制度」來規範百姓，那麼他們不僅會有羞恥感，而且還會隨在上位者逐漸達到善的境地。

2、殷因於夏「禮」，所損益可知也；周因於殷「禮」，所損益可知也。(〈爲政〉第二)

殷商沿襲夏朝的「禮制」與「典章制度」，有所增加或減少的部分，那是可以知道的；周朝沿襲殷商的「禮制」與「典章制度」，有所增加或減少的部分，也是可以知道的。

3、夏「禮」，吾能言之，杞不足徵也；殷「禮」，吾能言之，宋不足徵也。(〈八佾〉第三)

夏朝的「禮制」與「典章制度」，我能說出個大概來，可惜的是：夏朝的後代杞國所保存的史料，已經不足以作爲佐證資料了；殷商的「禮制」與「典章制度」，我也能說出個大概來，但可惜的是：殷商的後代宋國所保存的史料，也已經不足以作爲佐證資料了。

4、先進於「禮」樂，野人也；後進於「禮」樂，君子也。如用之，則吾從先進。(〈先進〉第十一)〔註6〕

〔註4〕 不同於「禮」爲「柔性的總體社會規範」，「法」則是「剛性的總體社會規範」，它以政府公權力爲後盾，而具有強制的力量。

〔註5〕 此處的「禮」，亦可解爲「禮教」（即「教化作用義的禮」）。惟作如此解時，則《論語》的「禮」，除了本文所說的六種意義外，便還有第七種意義了。

〔註6〕 本引文的注疏爭議較多，各家翻譯也不一致。如楊伯峻：《論語譯注》(台中：藍燈文化事業公司，1987年) 一書，便把它翻譯成：「先學習禮樂而後做官的是未曾有過爵祿的一般人，先有了官位而後學習禮樂的是卿大夫的子弟。如果要我選用人才，我主張選用先學習禮樂的人。」而與本文之翻譯幾乎完全不同。

前輩所製作的總體「典章制度」（含音樂），比較質樸，就像鄉下人一樣；而後輩所製作的總體「典章制度」（含音樂），則較重文飾，就像城市人一樣。如果要叫我使用禮樂，那麼我會遵從前輩。

5、方六七十，如五六十，求也為之，比及三年，可使足民；如其「禮」樂，以俟君子。（〈先進〉第十一）

國土有六七十里或是五六十里見方的小國家，讓我（求）來治理，只要三年時間，就可以使百姓人人富足；至於修明總體的「典章制度」（含音樂），那只有等待有才德的君子了。

6、名不正，則言不順；言不順，則事不成；事不成，則「禮」樂不興；「禮」樂不興，則刑罰不中；刑罰不中，則民無所措手足。（〈子路〉第十三）

如果名分不正，那麼說出來的言語就不會合理；如果說出來的言語不合理；那麼事情就會辦不成；如果事情辦不成，那麼國家的整體「典章制度」就建立不起來；如果國家的整體「典章制度」建立不起來，那麼刑罰便不會得當；如果國家的刑罰不得當，那麼老百姓就不知道該怎麼做才好了。

7、若臧武仲之知，公綽之不欲，卞莊子之勇，冉求之藝，文之以「禮」樂，亦可以為成人矣！（〈憲問〉第十四）

如果有臧武仲般的智慧，孟公綽般的寡欲，卞莊子般的勇敢，冉求般的才藝，再加上「典章制度」（含音樂）的薰陶與潤飾，這樣也可以算是人格完備的全人了！

8、天下有道，則「禮」樂征伐自天子出；天下無道，則「禮」樂征伐自諸侯出。（〈季氏〉第十六）

如果天下太平，那麼「典章制度」（含音樂）及出兵打仗就全由天子決定；但如果天下混亂，那麼「典章制度」及出兵打仗便都由諸侯決定了。

而除了以上的八則引文外，在《論語》中，有許多孔門師弟之間所問答的「禮」，基本上也大多屬於「總體典章義的禮」，因此，「總體典章義的禮」，可說是《論語》的「禮」之各種意義中相當重要的一種。〔註7〕

三、具體器物義的禮

〔註7〕《論語》中凡「禮樂」二字並用，以及言及「某禮」（如「夏禮」、「周禮」等）者，其「禮」字幾乎皆作「總體典章義的禮」解。

所謂「具體器物義的禮」，其義也是偏於「禮」這個「合理的文化體」中外在的那一面向，而且是那一面向中承載人的愛心、善意與敬意等，而用以溝通人我、物我、群己與神人之間的各種「人工物」與「自然物」等。它包含了「禮物」、「禮品」、「禮服」、「禮帽」、「禮器」與「牲禮」等。

而此義的「禮」，若與前兩義的「禮」相比，則它在《論語》中的數量是比較少的。如以下三則引文中的「禮」即屬之：

1、麻冕，「禮」也。〔註8〕（〈子罕〉第九）

以細麻所織成的冠冕，乃是一種「禮帽」。

2、執圭，鞠躬如也，如不勝……享「禮」，有容色；私覿，愉愉如也。（〈鄉黨〉第十）

孔子受聘於鄰國而舉行聘禮時，手裡拿著圭，儀態顯得很謹慎恭敬的樣子，就好像力氣不足似的……他在進獻「禮品」與「禮器」時，才稍有放鬆與舒坦的臉色；一直要到以私人身分和鄰國君臣會面時，才會恢復平時和悅的容貌。

3、「禮」云「禮」云，玉帛云乎哉？（〈陽貨〉第十七）

所謂的「禮」啊，難道只是指玉帛這些「禮品」或「禮器」嗎？〔註9〕

四、舉措合宜義的禮

所謂「舉措合宜義的禮」，係指「禮」這個「合理的文化體」中，兼具內外，或由內而通向外的那一部分。它既可指我們心中那應不應該、合不合宜與恰不恰當的想法及判斷，亦可指依此想法與判斷所產生的「應該、恰當的態度與行爲」。它的意義實近於「義」，或即是「義」也。

就如同「個別儀節義的禮」的情形一樣，此義的「禮」，在《論語》中也是隨處可見的。如以下十則引文中的「禮」即屬之：

1、信近於義，言可復也；恭近於「禮」，遠恥辱也。（〈學而〉第一）

與人約信，一定要求合理、恰當，這樣諾言才能實踐；對人恭敬，態度與行爲也要求恰當、合宜（恰如其分），這樣才能遠離恥辱。

2、或曰：「孰謂鄹人之子知禮乎？入大廟，每事問。」子聞之曰：「是『禮』

〔註8〕此句也可譯成：「禮帽用細麻來織成，乃是一種傳統的『禮俗』。」而若如此翻譯時，則句中的「禮」，便應作「個別儀節義的禮」來解釋。

〔註9〕此句也可譯成：「所謂的『禮器』啊，難道只是指玉帛這些東西的本身嗎？」

也！」（〈八佾〉第三）

有人譏笑孔子說：「誰說這位鄹邑的年輕人熟知各種儀節與禮數呢？他進
入周公廟後，每件事都要問人。」孔子聽到了後就說：「對於各種禮數不
知道便去請教人家，這就是『恰當的態度與行為』啊！」

3、邦君樹塞門，管氏亦樹塞門；邦君為兩君之好，有反坫，管氏亦有反坫。
管氏而知「禮」，孰不知「禮」？（〈八佾〉第三）

國君宮門前樹立屏風，以蔽內外，管仲家門前也跟著樹立屏風，以蔽內外；
國君為了兩國國君的友好而舉行國宴時，設有放置酒杯的坫，而管仲家中
也設有放置酒杯的坫。管仲如果懂得「君臣之間的分際」與「舉措的恰當
合宜」，那麼還有誰不懂得「君臣之間的分際」與「舉措的恰當合宜」呢？

4、昭公知「禮」乎……君取於吳為同姓，謂之吳孟子。君而知「禮」孰不
知「禮」？（〈述而〉第七）

魯昭公懂得「行為的分際與合宜」嗎……他娶吳國的女子為妻，而因魯與
吳為同姓國家，（怕人家說閒話，）故稱其妻為吳孟子（而不稱為吳姬）。
如果昭公算是懂得「行為的分際與合宜」的人，那麼還有誰不懂得「行為
的分際與合宜」呢？

5、恭而無「禮」則勞；慎而無「禮」則葸；勇而無「禮」則亂；直而無「禮」
則絞。（〈泰伯〉第八）

（態度與行為）假若恭敬但不「恰當、合宜」，那麼就會徒勞無功；假若
謹慎但不「恰當、合宜」，那麼就會膽怯畏縮；假若好勇但不「恰當、合
宜」，那麼就會犯上作亂；假若率直但不「恰當、合宜」，那麼就會如針刺
人。

6、君子敬而無失，與人恭而有「禮」，四海之內，皆兄弟也。（〈顏淵〉第
十二）

有才德的人如果做事敬慎而無過失，對人恭敬且「舉措合宜」，那麼天底
下的人都可以做我們的兄弟了。

7、君子義以為質，「禮」以行之，孫以出之，信以成之，君子哉！（〈衛靈
公〉第十五）

有才德的人做人處事以「道義」為其原則與內在本質，用「恰當合宜的態
度與行為」來加以實踐，用謙和的言詞表達出來，用真誠的態度來努力完

成，這樣，就可算是一位真正的君子了。

8、知及之，仁能守之，莊以涖之，動之不以「禮」，未善也。(〈衛靈公〉
第十五)

（一位在上位者的）智能足以治理國家，仁德也能夠守成國事，同時又能
用莊重的態度來統治百姓，但如果他的「舉措」不「恰當、合宜」，那麼
這樣也不能稱得上是完善的啊！

9、君子……惡稱人之惡者，惡居下流而訕上者，惡勇而無「禮」者，惡果
敢而窒者。(〈陽貨〉第十七)

有才德的人……厭惡愛說別人是非的人，厭惡在下位而毀謗在上位的人，
厭惡勇猛但「舉措沒有分際」的人，厭惡果敢但不通情達理的人。

10、不知「禮」，無以立也。不知言，無以知人也。(〈堯曰〉第二十)

一個人若不懂得「言行舉止的恰當分際」，那麼他是無法立足於社會的；
若聽不懂言語的含義，以及不曉得分辨言語的是非，那麼他是無法了解別
人內心真正的想法的。

五、內在根源義的禮

所謂「內在根源義的禮」，係指：「禮」這個「合理的文化體」中，主觀
內在的那一部分。它不僅是「個別儀節義的禮」、「總體典章義的禮」與「具
體器物義的禮」的內在根源，同時也是「舉措合宜義的禮」之所以產生的動
能與原由，因此，它可以說是「禮義之根」與「文化之源」的。

此義的「禮」，指的是人生命內在最根本的「善意」、「敬意」、「孝心」、「恭
敬之心」與「謙讓之心」等，而它在《論語》中，也是為數不少的。如以下
六則引文中的「禮」即屬之：

1、生，事之以「禮」；死，葬之以「禮」，祭之以「禮」。(〈為政〉第二)

父母在世時，要用「孝敬之心」來侍奉他們；過世後，要用「慎終、哀慟
之心」來埋葬他們，用「追遠、感懷之心」來祭祀他們。〔註10〕

〔註10〕本引文中的三個「禮」字，除了可解為「內在根源義的禮」外，尚可作「個
別儀節義的禮」或「舉措合宜義的禮」解。當作「個別儀節義的禮」解時，
孔子之意乃是指：子女應依「規定的禮節與禮儀」來侍奉、埋葬與祭祀父母；
而當作「舉措合宜義的禮」解時，則孔子之意便是指：子女應以「恰當、合
宜的態度與行為」來侍奉、埋葬與祭祀父母。

2、君使臣以「禮」，臣事君以忠。(〈八佾〉第三)

　　國君要以「禮賢下士之心」來任用臣子，而臣子要以忠心來侍奉國君。

3、能以「禮」讓為國乎，何有？(〈里仁〉第四)

　　(在上位者)如果能以「禮敬與謙讓之心」(筆者按：此處連同「讓」一併翻譯)來治理國家，那麼還會有什麼困難呢？

4、曰：「夫子何哂由也？」曰：「為國以『禮』，其言不讓，是故哂之。」
　　(〈先進〉第十一)

　　(曾皙)問：「老師為什麼笑子路呢？」孔子回答說：「治理國家要秉持『謙讓之心』，而子路講話一點也不懂得謙讓，因此我才笑他。」〔註11〕

5、上好「禮」，則民莫敢不敬。(〈子路〉第十三)

　　如果在上位的統治者常保「禮敬之心」，那麼百姓自然不敢不恭敬了。

6、上好「禮」，則民易使也。(〈憲問〉第十四)

　　如果在上位的統治者常保「恭敬之心」(或「禮敬之心」)，那麼百姓自然(會受到感化而)容易聽從指使了。

六、形上原理義的禮

　　所謂「形上原理義的禮」，係指：「禮」這個「合理的文化體」中，客觀超越的那一部分。它不僅是「個別儀節義的禮」之所以為「個別儀節義的禮」，「總體典章義的禮」之所以為「總體典章義的禮」，以及「具體器物義的禮」之所以為「具體器物義的禮」的「形上原理」，同時也是「舉措合宜義的禮」之所以為「舉措合宜義的禮」的「最高依據」。因此，跟「內在根源義的禮」一樣，它也可以說是「禮義之根」與「文化之源」的。只不過異於「內在根源義的禮」的是：同是「禮義之根」與「文化之源」，「內在根源義的禮」是就「主觀內在」的那一面向來說；而「形上原理義的禮」，則是就「客觀超越」的那一面向來說，兩者基本上是「一物二名」與「一體兩面」的。

　　而此義的「禮」，在《論語》中也有一些。如以下五則引文中的「禮」即屬之：

1、子貢欲去告朔之餼羊。子曰：「賜也！爾愛其羊，我愛其『禮』。」(〈八佾〉第三)

〔註11〕本引文中「禮」、「讓」對文，因此二詞義已相近或相通。

子貢想要免除每月舉行告朔禮儀中所供奉的餼羊。孔子說：「賜啊！你所愛惜的是那隻羊，而我所愛惜的卻是那種儀式之所以爲那種儀式的『道理』。」〔註12〕

2、君子博學於文，約之以「禮」，亦可以弗畔矣夫！（〈雍也〉第六）

　　君子廣泛地研習各種典籍與禮文，同時以「理」來約束自己（時時省察自己的意念、行爲是否合乎道德之理），這樣也就不至於背離正道了。〔註13〕

3、顏淵喟然歎曰……夫子循循然善誘人：博我以文，約我以「禮」。（〈子罕〉第九）

　　顏淵讚嘆地說……老師循序漸進地一步步誘導學生：先教我廣泛地研習各種典籍與禮文，然後用「理」來約束我（叫我時時省察自己的意念、行爲是否合乎道德之理）。

4、克己復「禮」爲仁。一日克己復「禮」，天下歸仁焉。（〈顏淵〉第十二）

　　克制私欲復歸「天理」〔註14〕便是「仁」。如果眞有一天能夠克制私欲復歸「天理」，那麼全天下的人就都會稱讚你是位仁者了。

5、非「禮」勿視，非「禮」勿聽，非「禮」勿言，非「禮」勿動。（〈顏淵〉第十二）

　　不合「理」的事不要看，不合「理」的話不要聽，不合「理」的話不要說，不合「理」的事不要做。

以上所述即是《論語》中的「禮」之六（至七）種意義，接下來我們再來論述「全體義」（整體、完全意義）的「禮」，以及筆者對「禮」所下的「系統義」（系統的定義）。

參、「全體義」與「系統義」的「禮」

〔註12〕 本引文中的「禮」可有二義：一是「儀式」或「禮儀」，如本文一～5中所譯者；二是「儀式之所以爲儀式之理」，如本引文中所譯者。若作前者解，則孔子所愛惜的是子貢所認爲已過時的某一「禮儀」（但孔子認爲它仍具有存在價值）；而若作後者解，則孔子所愛惜的便不是指某一禮儀本身，而是禮儀所蘊含的道理——禮儀之所以爲禮儀之「理」。

〔註13〕 拙見以爲：本引文中「文」，主要指的是各種「禮文」與「禮儀」；至於「禮」，則是「文之所以爲文之理」。

〔註14〕 「克己復禮」一語，若用宋明儒的話語來說，則可以解爲「克私復公」或「克己復性」。蓋「理」即「公理」即「性理」也。

　　所謂「全體義」的「禮」，係指整體、完全意義的「禮」。依筆者淺見，《論語》中的「禮」之六種意義，再加上「禮教」（即「教化作用義的禮」）一義，其實就是「全體義」的「禮」，亦即是曾昭旭教授所説的「合理的文化體」之義。它包括了「個別儀節義的禮」、「總體典章義的禮」、「具體器物義的禮」、「舉措合宜義的禮」、「內在根源義的禮」、「形上原理義的禮」與「教化作用義的禮」（禮教）而為一整全的文化體。由於它的義蘊豐富，故為最廣義的「禮」也。

　　至於「系統義」的「禮」，則是筆者為解答「前言」中的一連串問題所提出者，它是筆者自己對「禮」所下的定義，而為筆者的一家之見。

　　依拙見，若要義界清楚與有效溝通，則「舉措合宜義的禮」、「內在根源義的禮」與「形上原理義的禮」，實在不宜直接稱作「禮」：「舉措合宜義的禮」近於或即是「義」，故宜以「義」替代之；「內在根源義的禮」係「禮之源」，故宜以「仁」（仁心）替代之；而「形上原理義的禮」，其實就是「道」，故直接以「道」稱之即可。在這樣的情況下，一般社會大眾所説的「禮」，其實主要指的是「個別儀節義的禮」、「總體典章義的禮」與「具體器物義的禮」三者，因此，筆者對「禮」所下的「系統義」，主要也是針對與含括它們而説的。依筆者之見，「禮」最恰當的定義便是：

　　　　被人的「仁心」（或「善意」、「愛心」、「敬意」等）所貫注、所點化
　　　　與所潤澤的一切人、事、地、物即是「禮」。

在這樣的定義下，一切的人、事、地、物，若無人的仁心、敬意、愛心或善意等含藏於其內，則他（它）們只能算是客觀的存在，而不能稱之為「禮」的。如「（自然）人」只是「（自然）人」，「花」只是「花」，「巧克力」只是「巧克力」，「雞」、「牛」、「羊」只是「雞」、「牛」、「羊」，「酒杯」只是「酒杯」，「車子」只是「車子」，「衣服」只是「衣服」，「房子」只是「房子」，「點頭」只是「點頭」，「揮手」只是「揮手」，「舉手」只是「舉手」，「升旗」只是「升旗」，「結婚」只是「結婚」，「祭拜」只是「祭拜」，「下葬」只是「下葬」，「地區」只是「地區」，「國家」只是「國家」，「自然世界」只是「自然世界」等。

　　但若他（它）們有人的仁心、敬意、愛心或善意等含藏於其內，換言之，若他（它）們被人的仁心、敬意、愛心與善意等所貫注、所點化與所潤澤的話，那麼便可稱之為「禮」了。此時「人」則謂之「禮生」、「司禮」與「司

儀」等；「花」與「巧克力」等則謂之「禮物」與「禮品」等；「酒杯」則謂之「禮器」；「雞」、「牛」、「羊」則謂之「牲禮」；「車子」則謂之「禮車」；「衣服」則謂之「禮服」；「房子」則謂之「禮堂」等；「點頭」與「揮手」則謂之「禮貌」、「禮節」；「舉手」則謂之「敬禮」；「升旗」則謂之「升旗典禮」；「結婚」則謂之「婚禮」；「祭拜」則謂之「祭禮」；「下葬」則謂之「葬禮」等；「地區」與「國家」則謂之「禮儀之鄉」與「禮儀之邦」；而「世界」則謂之「禮樂世界」等。換言之，人、事、地、物一定要有「仁」的貫注、點化與潤澤才可，否則是不能稱之爲「禮」的。

肆、結 論

經由以上的論述，我們可以得到以下三點結論：

一、《論語》的「禮」，至少具有「個別儀節義的禮」、「總體典章義的禮」、「具體器物義的禮」、「舉措合宜義的禮」、「內在根源義的禮」與「形上原理義的禮」等六種意義。而我們若把「導之以德，齊之以『禮』」（〈爲政〉第二）句中的「禮」字，解爲「禮教」（即「教化作用義的禮」）時，則《論語》的「禮」，便有第七種意義了。

二、「全體義」的「禮」，係指整體、完全意義的「禮」，亦即是「合理的文化體」之義。它包括了「個別儀節義的禮」、「總體典章義的禮」、「具體器物義的禮」、「舉措合宜義的禮」、「內在根源義的禮」、「形上原理義的禮」與「教化作用義的禮」（禮教）在內，而爲一整全的文化體。由於它義蘊豐富，故爲最廣義的「禮」。

三、至於「系統義」的「禮」，則是筆者自己對「禮」所下的定義，它主要是針對與含括「個別儀節義的禮」、「總體典章義的禮」與「具體器物義的禮」三者而立言的，其內容是：被人的「仁心」（或「善意」、「愛心」、「敬意」等）所貫注、所點化與所潤澤的一切人、事、地、物也。而一切的人、事、地、物，若無人的仁心、敬意、愛心或善意等含藏於其內，則他（它）們只能算是客觀的存在，而不能稱之爲「禮」的。

本文曾收錄於《Taiwan-Southeast Asia Transnational Networking International Conference 臺灣與東南亞區域國際學術研討會》論文集，台北新文京開發出版公司，2009 年 9 月 25 日初版。

附錄三：
論儒、道、釋「經典」中的「人文關懷」

摘　要

　　本文旨在對儒、道、釋「經典」中的「人文關懷」，作一析論，以作爲華人社會推行教育與通識教育的參考。我們希冀藉此，以使讀者：一、了解「經典」的各種意義，以及本文所說「經典」的意義；二、知曉本文所說「人文關懷」一詞的眞實義涵；三、契入並體悟儒、道、釋「經典」中，所蘊含的「人文關懷」；四、明白「經典教育」的價值與效用，以利「經典教育」的推行。

　　全文共分成六小節進行：第一小節爲「前言」。旨在交代本文的主旨、目的與行文次第；第二小節爲「『經典』之諸義及本文所說『經典』之義」。旨在指出並釐清「經典」的四大意義，以及說明本文所謂「經典」的意義；第三小節爲「『經典教育』之價值、效用與相關問題回應」。旨在說明「經典教育」的價值與效用，並逐一回應了對「經典教育」所質疑的幾個問題；第四小節爲「『人文關懷』釋義」。旨在說明本文所謂的「人文關懷」一詞的意義，以及「人文關懷」與「生命關懷」之關係——兩者「異名而同指」，並指出「人文關懷」(生命關懷)具有「個體關懷」、「社會關懷」與「自然關懷」等三個面向；第五小節爲「儒、道、釋『經典』中的『人文關懷』」。旨在點出儒、道、釋「經典」中的四大「人文關懷」，並逐一對它們作一論述；第六小節爲「結論」，旨在綜覽全文，並作出總結，以簡要呈現本文的論點。

　　本文的結論主要是：雖然儒、道、釋「經典」對現實人生的看法與態度不同，但它們關懷生命與安身立命的用心及目的，則是相同的。它們都看重生命的價值與安頓；都強調透過心性修養與工夫實踐來安頓生命；都相信生命具有自我管理的能力；也都強調生命對己與對外的感通及和諧。由於它們具有這樣的「人文關懷」(生命關懷)，可以安頓個人、社會與世界；可以促進人自身，以及人與社會及自然的和諧，因此，在教育與通識教育中提倡「經典教育」，不只在「義」上是應該必要的，同時在「利」上也是具有巨大之功效的。

關鍵詞：儒、道、釋、經典、經典教育、人文關懷、生命關懷

壹、前　言

本文旨在說明與闡發中國傳統儒、道、釋「經典」中的「人文關懷」〔註1〕，以作爲華人社會推行教育與通識教育的參考。我們希冀藉此，以使讀者：一、了解「經典」的各種意義及本文所說「經典」的義涵；二、知曉本文所說「人文關懷」一詞的意義；三、契入並體悟儒、道、釋「經典」中所蘊含的「人文關懷」；四、明白「經典教育」的價值與效用，以利「經典教育」的推行。

而爲論述之方便與條理計，以下將先說明「經典」之諸義與本文所說「經典」之義；其次再論述「經典教育」之價值與效用，以及回應對「經典教育」所質疑的許多相關問題；接著再說明本文所謂「人文關懷」之實義，並指出它即是「生命關懷」之義；再者又闡發儒、道、釋「經典」中所蘊含的「人文關懷」；最後則綜覽全文，並作出總結，以簡要呈現本文的論點。

貳、「經典」之諸義與本文所說「經典」之義

一、「經典」之諸義：

所謂「經典」，本文以爲至少具有以下四種意義〔註2〕：

（一）最狹義的經典：

此義的「經典」，專指「宗教哲學」上的聖典而言。如婆羅門教的《吠陀經》、原始佛教的《阿含經》、大乘佛教的《法華經》、「基督宗教」〔註3〕的《聖經》、道家（含道教）的《老子》（即《道德經》），以及伊斯蘭教的《可蘭經》等。而若將它們放在以儒家爲主流的中華文化的脈絡中來說，則它們比較偏指以下的幾類典籍：（1）聖人親手所撰寫之書籍。如《春秋》等；（2）聖人親手所整理、編輯之書籍。如《詩》、《書》、《禮》、《樂》、《易》等；（3）聖人之所說，而被其弟子及後人所記錄下來所成的書籍。如《論語》與《孟子》等。

〔註1〕 本文所謂的「人文關懷」，即是「生命關懷」之義，兩者實「異名而同指」也。此義請參見第四小節：「『人文關懷』釋義」。

〔註2〕 本文所持「經典」一詞至少具有四種意義的論點，曾受到朱建民先生的啓發，不敢掠美，特此聲明。請參見朱先生的《經典與通識》一文，收入《通識在線》第13期，臺北：通識在線雜誌社，2007年11月。

〔註3〕 此處的「基督宗教」一詞，包括天主教、基督教與東正教等信仰耶穌爲「基督」（上帝所化身或所差遣的救世主）的宗教在內。它可算是「廣義的基督教」；至於一般所謂的「基督教」，則依本文之見，宜稱爲「狹義的基督教」。

由於此義的「經典」，不僅在內容與價值上歷久彌新及愈顯珍貴，同時也影響並決定了古今中外各民族的發展方向、生活型態與文化特色，因此，它們對於人類的文明發展來說，價值與地位實在是至爲重大及關鍵的。

（二）狹義的經典：

此義的「經典」，不僅包含了上述「宗教哲學」上的聖典，同時也含括了一切人文學科與社會科學領域中的劃時代鉅著在內。如《史記》、《漢書》、《三國演義》、《世說新語》、《杜工部集》、《孫子兵法》、《鐘樓怪人》、《莎士比亞全集》、《源氏物語》、《理想國》、《君王論》與《夢的解析》等。

此義的「經典」，其實已近於一般所謂的「名著」，只不過它的範圍比「名著」還大一些。這是因爲「名著」通常指的是人文領域知名的著作，尤其是「文學作品」而言；而此義的「經典」，則仍包括社會科學的鉅作在內。因此，「名著」與它，基本上乃是一「子集合」與「母集合」的關係。換言之，「名著」包含於它。

（三）廣義的經典：

此義的「經典」，不僅包含了人文學科與社會科學中的鉅著，另外還包含了自然科學領域中的劃時代著作。因此，像天文學領域中哥白尼的《天體運行論》、物理學領域中愛因斯坦的《相對論》（含《廣義相對論》與《狹義相對論》在內），以及生物學領域中達爾文的《天演論》等，都可算是對人類社會影響至大的「經典」。

而由於自然科學的發展一日千里，故此義「經典」中的「自然科學」類之「經典」，它們的理論常常很快地就被後人所修正或所推翻，因此，它們或許在現在已不具有「科學自身」的價值，但由於它們可以使現代人了解古人的自然觀與宇宙觀，以及科學發展的進程與實情等，因此，它們仍然是深具「科學史」之價值的。

（四）最廣義的經典：

上述的三義「經典」，雖然它們的範圍有小大之分，但基本上都只專就「書籍」來說〔註4〕；而此義的經典，則已不限於書籍，而是泛指人類生活與文化

〔註4〕 明乎此三義之經典，則可以知「經典」、「暢銷書」與「優良圖書」等是有所不同的。而由此亦可得知：兩岸許多知名大學在實施「經典教育」時，其「經典書目」中所開設的所謂「經典」，其實很多並不是「經典」，而只是「暢銷書」或「優良圖書」而已！

領域中一切的「燦爛結晶」與「精華表現」。如：建築中的中國《萬里長城》、埃及《吉薩金字塔》、希臘《帕特農神殿》、羅馬《競技場》、印度《泰姬瑪哈陵》與柬埔寨《吳哥窟》等；雕塑中的《秦始皇陵兵馬俑》、《維納斯雕像》、《馬賽進行曲》與《地獄之門》等；書法中的《蘭亭集序》、《喪亂帖》、《禮器碑》、《九成宮醴泉銘》與《書譜》等；繪畫中的《蒙娜麗莎的微笑》、《最後的晚餐》、《拾穗》、《谿山行旅圖》、《早春圖》與《寒林圖》等，以及汽車工藝中的保時捷、法拉利與勞斯萊斯的某些車款，以及福斯的第一代金龜車等，都可算是「經典」。

二、本文所說「經典」之義：

以上四義乃是「經典」一詞的完整義。至於本文所說的「經典」，則專指「最狹義的經典」而言。換言之，亦即是宗教哲學上的聖典。而若就中國哲學來說，則它特指儒、道、釋三家的典籍。因此，下文所要論述的，其實就是這三家「經典」中所蘊含的「人文關懷」。

參、「經典教育」之價值、效用與相關問題回應

一、「經典教育」的價值與效用：

傳統東亞與中國的官學、私塾與書院教育，最重要的內容就是「經典教育」——尤其是「儒家」的「經典教育」；而近現代的東亞各國之高等與中小學教育，「經典教育」仍佔有相當重要的地位。由此可見，自古迄今，「經典教育」一直深受東亞各國的朝野重視。但問題是：究竟「經典教育」有什麼價值與效用呢？不然它為什麼一直是東亞各國教育的重要內容呢？對此，我們的看法是：「經典教育」至少具有以下四種價值與效用：

（一）可使人明白做人處事的道理：

「經典」之所以為「經典」，有一重大的理由，那就是：它們蘊涵著做人處事的常道常理。以儒家的「經典」——《大學》與《論語》——為例：

《大學》講「格物」、「致知」、「誠意」、「正心」、「修身」、「齊家」、「治國」、「平天下」的「修己治人」及「內聖外王」之道。它主張「管理他人、他事、他物」（齊家、治國、平天下）的基礎與前提，乃是先「管理好自己的生命」（修身〔註5〕）；而要管理好自己的生命，則必須先「端正自己的內心」

〔註5〕「修身」的「身」字，應解作「生命」，而非（物質性的）「身體」或「形軀」。

（正心）；要端正自己的內心，則必須先「使自己的每個意念眞實且善良」（誠意）；而若要「使自己的每個意念眞實且善良」，則必須先要「擴充對倫理道德本身，以及能成就倫理道德的相關知識」（致知）；而若要擴充對倫理道德本身，以及能成就倫理道德的相關知識，則必須先要「多讀書、多思考，以及多反省、多覺察自己的諸多內在意念與外在行爲」（格物）。〔註6〕

而《論語》則提出「志於道」、「據於德」、「依於仁」、「游於藝」，以及「下學而上達」與「正名」等諸說。孔子透過它們告訴我們：一、道德生活是具有「理想面」（道）、「現實面」（德）、「內在面」（仁）與「外在面」（藝〔註7〕）等四大面向的；二、道德實踐要從現實的日常生活中做起（下學），經由不間斷地修養與實踐，然後才可以體悟與契入宇宙人生的終極眞理（上達）；三、每個人在世上都有各種不同的「名銜」與「職稱」，因此我們就要盡到這些「名銜」與「職稱」的「本分」、「實質」及「責任」，以達到「名分相合」、「名實相符」與「職責相稱」的境地。

也就因爲「經典」蘊含著做人處事的常道常理，所以若成功實施「經典教育」，使學子們熟讀「經典」的內容，則必可讓他們明白做人處事之道，以及知曉倫理道德之眞義，而堂堂正正做一個頂天立地之人，並活出充滿價值與意義的一生。

（二）可提升人的文學與文化素養：

「經典教育」除了可以使人明白做人處事的道理之外，也可以提升人的文學與文化素養。這是因爲「經典」的語文通常都頗爲優雅，它們都可說是濃縮與精鍊的文學鉅著——如《詩經》、《論語》、《孟子》、《莊子》與《心經》（以及西方的《聖經》）等，都可算是第一流的文學作品。因此，若能成功實施「經典教育」，而使學子們都熟讀「經典」，同時浸潤於其語文與哲思的世界當中，則可以收到潛移默化的教育功效，而提升他們的文學素養。

此外，由於「經典」也是世界各民族的文化結晶，它們當中都蘊含著各民族先人與先知的文化素養及生命關懷，因此，若能成功實施「經典教育」，而使學子們熟讀「經典」，則不只可提升他們的文學素養，更可以提升他們的

〔註6〕 此處所説，係筆者融合了朱子、陽明與船山之説，並加上自己對儒學與《大學》義理的理解所成的。

〔註7〕 道德生活「外在面」的「藝」，依孔子之意，其實也可用「禮」、「禮文」與「藝文」等詞來互代。

文化素養，而使得他們在舉手投足間就能展現出典雅、深厚的文化氣息，由一「自然人」轉化成「文化人」，此即《大學》所謂的「德潤身」是也。

（三）可啟迪人的智慧，而使人對宇宙人生有一整體的通觀見識：

由於「經典」乃是各民族的先知與聖人所編、所著或其言行所被記錄而成者，因此，其中自然蘊含著他們整體通透的生命與生活智慧，甚至於也涵藏著他們的世界觀、歷史觀、文化觀與價值觀等。因此，若能成功施行「經典教育」，而使學子沉浸涵泳於「經典」之中，則不僅能使他們明白做人處事的道理，以及能提升他們的文學與文化素養，更重要的是：還能啟迪他們的智慧，而使他們對宇宙人生有一「整體的通觀見識」（通識）。

而這樣的通觀見識，並不同於世俗的專業教育所給予人的認識。因後者所給人的只是對宇宙人生專門、深入與特殊的知識，是偏於一隅的知識；而前者所給予人的卻是對宇宙人生總體的認知與看法，是一全體完整的見識。後者只能讓人看到一棵具體的樹木；而前者卻可以令人見到整座的森林，同時還能知道某一棵樹在森林中的位置。所以，若成功實施「經典教育」，對於人的智慧之啟迪，以及人的「通識」之養成，實在是具有莫大功效的。

（四）可轉化與提升個體生命、社會生命與自然生命〔註8〕：

「經典教育」不僅具有上述的三大價值與功效，同時它還可轉化與提升個體生命、社會生命與自然生命，而能安頓個人、社會與世界。

就個體生命來說，「經典教育」可積極地存養與擴充其德性，消極地變化其氣質與節制其情慾，而使「心」點化、潤澤「身」，將「身」由「心」的「限制原則」，轉變而為「表現原則」，以達成個體生命的「身」、「心」整體感通和諧的狀態。

就社會生命來說，「經典教育」不僅可以淨化社會風氣、改善社會治安，還可以使學子認識到人我、群己，以及人與社會的關係，同時更可以轉化與提升我們所處的社會，而使學子懂得人我與群己相處之道，以達成人我、群己互為主體、彼此交融，以及與人與社會整體感通和諧的狀態。

而就自然生命來說，則「經典教育」不僅能使學子們認識人與自然及天地萬物的關係，同時還能轉化與提升自然環境，從而尊重與愛護天地萬物，

〔註8〕就儒學及筆者個人之淺見來說，不僅個體是一生命，即使是社會、歷史、文化，甚至是整個宇宙，也都是一生命。只是前者是一小生命，而後者卻是一大生命。同時它們之間乃是本為一體的，此之謂「人與天地萬物為一體」也。

以達到物我、天人互為主體、彼此交融，以及人與自然整體感通和諧的狀態。

二、「經典教育」的幾個問題與回應：

「經典教育」雖然具有上述的價值與功效，但因「經典」畢竟是古代特殊時空下的產物，而當時的社會乃是封閉、威權、科技落後與價值一元的，因此，在當代開放、民主、科技昌明，以及多元價值的社會中施行「經典教育」，是會引起很多人的質疑的。而這些質疑，至少又有以下三大問題〔註9〕。茲為行文之便，本文擬將此三大問題逐一列出，並直接在每一問題下面作出回應。

（一）是否會因承認「經典」的權威，而減損學子的批判與創新思維能力？

答：不會。因「經典教育」可啟迪學子的智慧，而使他們對宇宙人生有一整體的通觀見識，所以不但不會減損學子的批判與創新思維能力；相反地，反而更可使學子因增長智慧而更具反省、批判與創新之思維能力。我們只要看一看當代的幾位學界大師，便可知本文所言不虛。

試問：最承認傳統「經典」權威的梁漱溟、熊十力、方東美、徐復觀、唐君毅與牟宗三等人，當代學者中又有幾人的批判與創新思維能力能比得上他們呢？即使是唐、牟之後非常尊重儒家經典的勞思光與余英時等人，他們的批判與創新思維能力也是少人能及的。倘若承認「經典」的權威就會減損人的批判與創新思維能力，那麼上述大師的批判與創新思維能力，理應都會減損而成不了大師才是！可是事實剛好相反，就是因為他們都「通經」，所以才能開顯智慧，才能自成一家之言的。因此，承認「經典」的權威是不會減損學子的批判與創新思維能力的。除非是不擅於讀經或是錯誤讀經所致。而假如真是這樣，那也是「人病」，而非「經典」本身之「法病」。

（二）「經典」係古代特殊時空之產物，今人提倡「經典教育」，能否符合新時代之需要？

答：能。「經典」產生於古代的特殊時空，是一回事；而「經典」本身的思想是否過時，則又是另外一回事。兩者不能混為一談。這是因為「經典」雖產生於古代，但其內容與精神，卻可能是歷久彌新的。

如：《論語》講「正名」，要求人人都要盡到自己的職責與本分：為人君

〔註9〕 此三大問題，係參酌《通識在線》第13期第6與第9頁之內文，並經筆者所修潤而成者。

盡到君王的職責與本分，爲人父盡到父親的職責與本分，爲人師盡到老師的職責與本分，爲人子盡到兒女的職責與本分，爲人徒盡到徒弟的職責與本分。苟能如此，則社會自然安和，天下自然太平。而這「正名」思想，雖產生於二千多年前的舊時代，但它卻是萬古常新而放諸四海皆準的。試想：現代社會的許多問題不就是大家沒做到「正名」嗎？舉例而言：若父不父、母不母，夫不夫與妻不妻，則自然會產生問題家庭與問題兒童；而問題兒童在成長過程中，如又遇到師不師與長不長，則自然易變成問題青少年與問題青年；而等他們進入社會後，如又遭逢治理國家社會的君不君與臣不臣，則自然會轉成盜賊匪寇，如此則社會便會治安敗壞、歹徒橫行與犯罪事件層出不窮了。

又如：目前的「新時代」有「環境保護」與「生態保育」之「需要」，而傳統的儒、道、釋「經典」中，本有「天人合一」、「天人和諧」與「天人一體」的觀念。而這些觀念，正可以作爲「新時代之需要」的理念依據，而讓當代人認爲呵護萬物、愛護地球是應該的，而更能打從心底自發地去從事「環境保護」與「生態保育」的工作，這樣，「經典教育」不是就能滿足「新時代之需要」了嗎？

此外，因當代慾望橫流、物質狂揚與科技至上，遂造成人心多半空虛，而不知生命之價值與生活之意義。而古代「經典」，因有終極關懷與安身立命之功效，因此，提倡「經典教育」，適足以挽救當代人之人心，而符合「新時代之需要」。

（三）「經典」多反映一元的絕對價值，「經典教育」能面對當今社會多元化的趨勢嗎？

答：能。「經典」雖多反映一元的絕對價值，但一元與多元不一定是衝突的。一元並不代表絕對權威與宰制的單一價值；而多元也不表示價值相對主義或沒有價值趨同之可能。我們可以舉一個例子來加以說明。

如我們可問：「人類社會究竟需不需要倫理道德？」或「做人處事需不需要問個是非？」我想這兩個問題的答案應該都是肯定的，而且是每個文化系統都贊同的。在這樣的情況下，「要有倫理道德」與「要有是非」，遂成爲「一元的絕對價值」，而且此「一元的絕對價值」，不管放在當今的哪個多元價值的社會，都是會受到肯認的。〔註10〕因此，「經典」所反應的「一元的絕對價

〔註10〕就筆者所知，目前世上並無任何一個國家的法律主張：隨意或無條件殺人、搶劫、強暴、偷竊與侵占等是合法的。此即意味著：在現今多元化的國際社

值」，基本上是「能」面對當今社會多元化的趨勢與價值的。〔註11〕

肆、「人文關懷」釋義

一、本文所謂「人文關懷」之實義：

本文所謂的「人文關懷」，其義係指：

> 對人生命與生活的種種，如生理的本能與欲望、心理的情緒與願望、各種情感〔註12〕、各類嚮往、認知活動、宗教信仰、價值信念、歷史記憶、安全感、歸屬感、尊嚴感與意志抉擇等的尊重、體貼與關心等。它與「生命關懷」一詞，雖然名稱有異，但指涉卻是相同的。〔註13〕

因此，本文便將它與「生命關懷」一詞視為「同義詞」，而在行文時偶會交替使用。

二、儒、道、釋三家皆屬「人文關懷」之學：

依上述的「人文關懷」定義，則不僅講「人文化成自然」與「人文化成天下」的儒家是「人文關懷」之學，即使是道家與佛教等，也都算是「人文關懷」之學。這是因為道家雖強調「無心」、「無為」與「自然」，反對人為對個人、社會與世界的干預與束縛，但它的初衷與目的，其實也是要安頓人的生命、生活與生存世界的，因此它也算是一種「人文（生命）關懷」之學〔註14〕；而佛教雖視世間為虛幻，視生命為苦業，但由於它重在安身立命，重在

會，大家仍舊是贊同「要有倫理道德」與「要有是非」之「一元價值」的。這是因為人一定是活在人群之中的，而人與人之間既然要有安全感地和平相處，那自然要有共同的倫理道德觀才行！筆者深信：不只是現在，就算以後證實有外星人的存在，而且人類與「他們」有往來，屆時也一定會講究「星際倫理」的。

〔註11〕其實還可再問另一個問題：「經典教育」「如何」面對當今社會的多元化趨勢？對此，本文認為：宋明儒學「理一分殊」與《易經》（含《易傳》）「一元交融」（或「陰陽太極」）的思維模式，就可以回答此一問題。唯此回答相當複雜，尚待筆者另撰專文以論述之。

〔註12〕如親情、友情、愛情、鄉國情、蒼生情、萬物情與宇宙情等。

〔註13〕「人文關懷」一詞的意義係多元的，有近代西方啟蒙運動的人文關懷；有人類中心主義的人文關懷；有儒家倫理道德式的人文關懷；有道家逍遙自得式的人文關懷等。至於本文所說的「人文關懷」，其義則是筆者所自行界定的「系統義」。

〔註14〕一般視道家為「自然主義」，但依本文之解釋，它亦屬「人文關懷」之學無疑。

普渡眾生由苦惱之此岸而至常樂之彼岸，重在人生前死後之終極歸屬與意義之追尋，因此，它當然也算是一種「人文關懷」之學。

而由於儒、道、釋三家對生命與生活都充滿關懷，都強調安身立命與終極關懷，因此，它們皆屬「人文關懷」（生命關懷）之學無疑！

三、「人文關懷」之三面：「個體關懷」、「社會關懷」與「自然關懷」

在上文中，我們已指出：「人文關懷」即是「生命關懷」，兩者「異名而同指」。但現在的問題是：「人文關懷」（生命關懷）可以分成哪幾種或哪幾個面向呢？對此，我們的回答是：它可以分成「個體關懷」、「社會關懷」與「自然關懷」三個面向：

（一）「個體關懷」：

這是單就每一個個別的生命體來說的「人文關懷」（生命關懷），它是採「微觀」的方式來看待人之生命的。「個體關懷」重在對個別生命的認知與轉化，它不僅要使個人能認識自己的生命，更重要的是，要能轉化與提升自己的生命，以達成生命的身、心整體感通和諧之境。

（二）「社會關懷」：

這是把人的生命放在社會的脈絡中來說的「人文關懷」（生命關懷），它是採「宏觀」的方式來看待人之生命的。它認為人的生命與整個社會乃是一體無分的，或者說整個社會根本就是一個大生命的。「社會關懷」重在對社會環境的認知與轉化，它不僅要使人能認識社會，以及人我與群己的關係，更重要的是，要能轉化與提升社會，並懂得與實踐人我與群己相處之道，以達成人我、群己互為主體、彼此交融，以及人與社會整體感通和諧之境。

（三）「自然關懷」：

這是把人的生命放在世界的脈絡中來說的「人文關懷」（生命關懷），它是採更為「宏觀」的方式來看待人之生命的。它認為人的生命與整個世界也是一體無分的，或者說整個世界根本就是一個大生命的。「自然關懷」偏重在對自然環境的認知與轉化，它不僅要使人能認識自然環境，以及人與天地萬物的關係，更重要的是，要能轉化與提升自然環境，從而尊重與愛護天地萬物，以達到物我、天人互為主體、彼此交融，以及人與自然整體感通和諧之境。

在此需特別注意的是：上述三種關懷並非是彼此分立或相隔的，而是密切相關且互通、互融、互滲與互連的。換言之，它們乃是同一「人文關懷」（生

命關懷）的三種不同面向，而非三種彼此相異與不相干的關懷。我們若用傳統中國哲學的術語來說，則可說它們乃是「一體之三面」，而非「三物而三體」也。〔註15〕

之所以如此，乃是因為：一、人的生命是有「身」、「心」兩面向的，且此兩面向是會互相影響與彼此干擾的；二、人一定是活在社會之中的，他自然會受到社會的刺激與影響的；三、人也一定是活在大自然的懷抱中的，他的一切生命氣息與生活所需，和大自然根本是息息相關的，自然環境的變化會深深地影響到每一個人，而使人的生命與生活面臨到不同的狀況與課題。

由於人的現實存在狀態，一定是「在社會與自然環境中的存在」，因此，「人文關懷」（生命關懷）便不能只局限於孤零零的個體生命之安頓，而必須、也應當同時及於個人所處的社會與自然環境之安頓。它應該使人去提升與轉化個體、社會與自然，以使他（它）們充滿意義與價值。在這樣的情況下，「一體三面」的實義，便自然地彰顯出來了。

伍、儒、道、釋「經典」中的「人文關懷」

以上已說明了「經典」之諸義及本文所說「經典」之義、「經典教育」之價值、效用與相關問題，以及「人文關懷」之義，並指出「人文關懷」即是「生命關懷」。以下我們將再申論儒、道、釋「經典」中的「人文關懷」（生命關懷），以作為教育工作者推展教育及通識教育時的參考。

我們認為：儒、道、釋「經典」中的「人文關懷」（生命關懷），至少包含以下四點：

一、都重視生命的價值與安頓：

儒、道、釋三家的「經典」都十分重視生命的價值與安頓。就重視生命的價值來說，三家均認為：人的軀體壽命雖然有限，但精神與心靈的價值卻是無限的。因此，人乃是一有限而可以通向無限的存有。同時，人生在世的主要目的，就是要活出無限的價值與意義。

而若就生命的安頓來說，則三家因對現實人生的看法不同，所以安頓生命的方式也有異。茲表列與分述如下：

〔註15〕黃宗羲曾說：「理」與「氣」，乃是「一物而兩名，非兩物而一體也」（《明儒學案・下冊》，卷44，〈諸儒學案上二〉）。本文此處所說，即是借用、並轉化黃氏之說而來的。

	對現實人生的看法	實踐（或提昇、 超脱）的根據	理想人格
儒家	從憂患意識或 道德意識入	道德心性	聖人
佛家	從苦業意識入	佛性或般若智	佛
道家	從束縛意識入	靈臺或虛靜心	眞人或至人

　　儒家對現實的宇宙人生充滿了「憂患意識」〔註16〕與責任感，它重在以「倫理道德」來安頓宇宙人生，希望人人走在倫理道德的光明大道上，而使生命體現與充滿無限價值；它也希望世界是一個秩序井然的生活與價值場域，而能使萬物各安其所與各遂其生。

　　道家從「束縛意識」來看世間，而認爲現實人生受到了許許多多的內、外在束縛——生理欲望、心理情緒、感情、知識、意識型態、宗教信仰、道德觀念、家庭規範、社會習俗與國家法令等等的束縛，因此重在以「自然〔註17〕無爲」的方式，來解放宇宙人生，來鬆綁生命內、外的種種束縛與不自由，而使人能活得逍遙自在，使社會能達到無爲而治、君民兩忘的境地。〔註18〕

　　佛教則從「苦業意識」來看現實的有情眾生，而認爲癡迷的有情眾生，其生命本質乃是「苦」的，而且永遠都是處於業力流轉或輪迴之中的，因此，它主張以體悟「緣起性空」的方式，來使眾生勘破世間眞象，而能脫離苦海與超脫輪迴，以證入涅槃寂滅的境地。〔註19〕

〔註16〕 所謂「憂患意識」，其義係指：人基於其愛心、理想、道德感或責任感等，想轉變與提升「現實的狀態」——如子女生活墮落、社會治安敗壞、國家處境孤立、人民流離失所等——而又力不能及時，其内心的那種不安、不忍與憂慮的狀態。又，筆者對「憂患意識」一詞的理解，深受徐復觀先生的啓發，謹此告知。

〔註17〕 「自然」一詞，至少有三義：「大自然」、「當然」與「自己如此」等。而此處則專指第三義的「自己如此」，亦即精神上的解放、放下、想開、無執、清虛、消解與當下過當下忘等。

〔註18〕 如老子講「無」、「無爲」與「自然」，莊子講「道」、「忘」與「心齋」等，都是重在用自然無爲的方式，來解放生命，以及來鬆綁人生在世的種種束縛與不自由等。

〔註19〕 拙見以爲：二千多年來，佛教雖宗派眾多與理論繁複，但其核心觀念唯在「苦」與「空」兩詞而已：「苦」是「病」，「空」是「藥」；「苦」係佛教對現實有情眾生的看法與態度，一切佛法均是爲了使眾生「離苦」；而「空」，則有「無自性」、「萬法由心識所變現」、「中道」、「佛性」、「無執」、「放空」與「體悟

二、都強調透過心性修養與工夫實踐來安頓生命：

我們在前文中已提及：儒、道、釋三家的「經典」都十分重視生命的安頓，但現在的問題是：如何安頓？要用什麼方式、方法或途徑來安頓？又，生命最圓滿與最理想的安頓是什麼？凡此種種問題，便是我們此處所要解答的。

本文以為：儒、道、釋三家，都強調透過心性修養與工夫實踐來安頓我們的生命，同時，對生命最理想與最圓滿的安頓，乃是「聖人」（儒）、「真人」（道）與「佛菩薩」（釋）等具有理想人格之人了。而要怎樣才能具有理想的人格呢？此中則涉及到兩個課題：一是「成就理想人格的根據」問題；二是「成就理想人格的工夫」問題。前者係「本體論」或「心性論」的問題；而後者則是「工夫論」的問題。

就「成就理想人格的根據」問題來說，儒家認為是「良知」、「四端之心」或「善性」等；道家認為是「靈臺」或「虛靜心」等；佛教則主張是「佛性」或「般若智」等；而就「成就理想人格的工夫」問題來說，則儒家重視良知善性自覺自發的起用，如反省、察識、涵養、誠意、慎獨、正心與致知等；道家則重視「靈臺」或「虛靜心」自覺自發地起作用，如心齋、坐忘、無為、致虛與守靜等；而佛家也強調依「佛性」或「般若智」自覺自發所起的作用，如觀照、無執、無住、禪定、冥想、布施與精進等。也正因如此，故儒、道、釋三家「經典」中的義理，在「心性論」與「工夫論」兩方面，才特顯精彩。

三、都相信生命具有自我管理的能力：

儒、道、釋三家的「經典」除了都重視生命的價值與安頓，以及都強調透過心性修養與工夫實踐來安頓我們的生命外，它們也都相信：生命是具有自我管理之能力的。而此點，也正可做為中西文化差異的一個參考：中華文

空理」等種種說法。至於「緣起性空」之「空」，則義近於「無自性」——萬法無獨立自主、永恆不變之本性與特質也。而所謂的「緣起性空」，乃是佛法對世間真相的描述：「緣起」指萬法生滅均是諸多因緣條件和合、聚散所致，它偏於「用」一面的說明；「性空」則指萬法之本性或本質，究其實根本是非永恆不易與獨立自主的，換言之，萬法係「無自性」的。它偏於「體」一面的說明。唯「緣起」與「性空」雖側重面不同，但其實只是對同一真相、真理的不同描述而已！兩者乃是二而一與一而二的。一說「緣起」即涵蘊著「性空」；而一說「性空」，也即涵蘊著「緣起」，故「緣起性空」，實乃一「分析命題」也。

化相信人可以靠自己的力量，來支配自己、「管理」〔註20〕自己，以及來完成自己的理想人格；而西方文化則否。

正因爲西方人不相信人可以靠自己的力量，來支配自己與管理自己，所以：一、他們特別強調透過虔誠地膜拜與信仰「上帝」，以讓上帝的靈，自然流注到人的生命中而來主宰與管理人——既然人無法自己管理自己，所以只能讓「上帝」來管理人；二、他們特別突顯「法治」的重要性，而強力要求人人都要守法，都要遵行強制性的行爲規範——既然人無法自己管理自己，所以就讓「法律」來管理人；三、他們也著意於思想的共同與客觀規則，而要求人的思維要依循這些共同與客觀的規則，因此，西方文化特重「邏輯」（或「理則」）與邏輯學（或「理則學」）。

而反觀中國人因相信人可以靠自己的力量，來支配自己與管理自己，所以：

1、不同於西方讓「上帝」來支配與管理人，而是要求人依固有的「良知」、「靈臺」或「佛性」的自覺自發，來支配與管理自己。

2、不同於西方人講「法治」，而是強調「禮治」〔註21〕與「德治」，並認爲「法治」僅能治標，只能在外在言行上強制地約束與管理人；而只有「禮治」與「德治」才能治本，才能使人自覺、自動、自發地管理與約束自己。因此，兩者是有境界高低之別的。但試問：「德」與「禮」是什麼？「德」與「禮」的根源又在哪裡？就「德」來說（此專依儒家經典立論），「德」是「人德」，係「所稟受於天的眞實本性」，亦即是「良知」、「善性」也。它的根源就是「天理」，其實也就是「良知」自體；而「禮」，則可以指「良知的種種內外在的表現」（或「人心種

〔註20〕 「管理」其實有兩種：一種是對內在生命的自我管理。如管理自己的情緒、念頭、惡習與墮性等；另一種則是對外在人、事、財、物等的管理。如企業管理、財物管理、工業管理與資訊管理等皆屬之。目前因受西方文化之影響與主導，故一言管理，幾乎所有人所想到的就是第二種管理。其實依儒、道、釋經典，管理自己是比管理他人、他事、他物，要來得困難與偉大的。而且眞正的管理，其實就是「自我管理」——管理自己的心念、言行與生命。

〔註21〕 一般來說，「法」與「禮」是有所不同的：「法」是具有強制性的行爲或社會規範。它以國家的公權力爲後盾。若違「法」，則通常公權力會介入，而使違「法」之自然人或法人，受到「法」所規定之制裁或處分；而「禮」則是不具有強制性的行爲或社會規範。惟雖如此，但違背「禮」也有可能會遭受到嚴重的後果的。譬如：可能遭受到「輿論」與「民情」的唾罵，而這對當事者的傷害，可能是遠遠超過「法」的制裁的。

種如理與合理的內外在的表現」）〔註22〕，也可以指「被良知所點化與潤澤的一切人、事、物」〔註23〕。然不管採取何種解釋，其根源都指向了作為道德主體的「良知」。如此一來，不是又凸顯了中國人相信人有自我管理的能力了嗎？

3、也不同於西方人講「邏輯」，而是特重「直覺」——「道德直覺」與「審美直覺」。我們只要隨便舉一例便可明白此理：傳統中國的政府考試，所考的科目主要是經書與詩文兩類：前者使人明白做人處事的道理，希望人充分發揮其固有的「道德直覺」，而做一個明辨是非善惡的正人君子；而後者，則使人明瞭作文賦詩之道，希望人高度發揮其本有的「審美直覺」，而做一個具有美感素養的文藝人。換言之，中國傳統的一大觀念是：要做一個好官（政治家）之前，請先做一個善人（道德家）與文人（文藝家）。後者是前者的先決條件。既是如此，也就難怪傳統中國被稱為「禮義之邦」與「文藝之邦」了。

四、都注重生命對己與對外的感通及和諧：

而除了上述三點之外，儒、道、釋三家的「經典」還有第四點「人文關懷」（生命關懷），那就是：它們都注重人與外在人、事、物，以及整體環境的感通；也都注重人自家生命的身、心和諧，以及人與外在人、事、物及整體環境的和諧。

就注重人與外在人、事、物，以及整個環境的感通這一部分來說，三家都認為：人的心靈與生命本質上並非封閉的，而是可以無限感通的。同時感通大者為大人，感通小者為小人。若心靈的感通大，則生命便大，人格便高，此時為大人、聖人或佛菩薩；若心靈的感通小，則生命便小，人格便低，此時則為小人、凡夫俗子，甚至是人格卑劣之人。小人只對自己（與親友）的遭遇或苦痛有所感應，他的生命只有幾尺高與幾十公斤重——至多與其親友為一體。他只能感受到自己身體或心理的苦痛，只能感受到他最親近之人的苦痛，而對其他人與有情眾生的苦痛卻毫無感應，甚至於視若無睹；但大人——如佛教所說的「千手千眼觀音」——則不同，他的生命大到與天地萬物同體，天地萬物都在他生命之內，而不在他生命之外。世上任何有情眾生受苦受難他都感同身受，他都感應得到，都如同他身體某一部位受傷一樣，都

〔註22〕此是依陽明學立場所作的解釋。

〔註23〕此是依船山學立場所作的解釋。

令他感到苦痛與不安不忍。他如同有千萬隻眼睛一般，可看到有情眾生的所有苦難；他也好似有千萬隻手臂一樣，可對苦難的有情眾生伸出援手。由於他的心靈與生命能無限地感通，因此他的生命與人格也是無限宏大與崇高的。

而在注重人自家生命的身、心和諧，以及人與外在人、事、物及整個環境的和諧方面，則三家更是用心強調：

譬如：以「仁」為核心觀念的儒學，其實就是「和諧之學」：「仁」有「本質義的仁」（仁心、良知）、「工夫義的仁」（由仁心所覺發與所從事的一切心性修養與道德實踐）、「理想義的仁」（道、真理或理想人格等）、「仁者」（時時體現仁道而具有理想人格的人，或是大有功於仁道傳播於世的人）、「仁厚之俗」與「風俗仁厚之地」等意義〔註24〕。而「本質義的仁」，可說是「和諧的根據與動能」及「和諧的本性與本願」；「工夫義的仁」，可說是「和諧的努力」與「和諧的奮進」；「理想義的仁」，可說是「和諧的狀態」與「和諧的境界（境地）」；「仁者」，可說是「身心」、「人我」、「物我」與「天人」整體和諧之人，或是「對於促進人類社會整體的融通和諧，具有重大貢獻之人」；「仁厚之俗」，可說是「和諧的風俗」；「風俗仁厚之地」，可說是「民風和諧之地」。因此，儒學根本就是「和諧之學」。它所追求的乃是「身心和諧」（即「身心合一」）、「人我和諧」（即「人我合一」）、「物我和諧」（即「物我合一」）、「幽明和諧」（即「幽明合一」）、「天人和諧」（即「天人合一」）與「世界和諧」等。

又如：道家講「太極」，但（道家義的）「太極」其實也是一種「和諧的狀態」。我們除了可將「太極」理解成是「具有『無』、『有』兩面向的形上超越之道體」，以及「宇宙原初那混沌無分、原始和諧的狀態」等意義外，更可以、也適當將它理解成：以「陰」為主、「陽」為輔，而「陰」、「陽」整體感通和諧、渾融不分的狀態。〔註25〕舉例來說，「太極拳」雖可放在「技擊」、「表演」與「健身」等脈絡中來詮釋〔註26〕，但其實它也是一種悟道與體道的方

〔註24〕 筆者此處對「仁」所持的論點，曾受到曾昭旭先生的啟發，謹此聲明。請參見曾先生的《孔子和他的追隨者》一書，台北：漢光文化事業股份有限公司，1993。

〔註25〕 若依儒家，則除了可將「太極」理解成是「形上超越的道德實體與原理」，以及「良知善性」等意義外，還可以將它理解為：以「陽」為主、「陰」為輔，而「陰」、「陽」整體感通和諧、渾融不分的狀態。

〔註26〕 其實，不只是太極拳，而是任何武術，都可以放在「技擊」、「表演」與「健身」等脈絡中來詮釋的。這樣就可以把太極拳與所有武術分成：「技擊太極拳」、「表演太極拳」與「健身太極拳」，以及「技擊武術」、「表演武術」與「健

式，它的最高境界乃是要達成練拳之人生理的陰、陽（二氣）感通和諧、個體生命的身、心感通和諧，以及個體生命（小宇宙）與宇宙生命（大宇宙）整體感通和諧。而達到這些感通和諧的方式，則是以「虛」、「無」、「陰」、「柔」等爲「主」，以「實」、「有」、「陽」、「剛」等爲「輔」，而做到「虛實相涵」、「有無相生」、「陰陽相合」與「剛柔相濟」等境界與狀態。而這樣的境界與狀態，就叫做「虛實一太極」、「有無一太極」、「陰陽一太極」與「剛柔一太極」等，總稱則爲「太極」！

此外，又如受道家、佛教（含禪宗）影響極深的中國文學、書法、繪畫、音樂、戲曲與建築等，也都處處透顯著和諧的精神。正因爲如此，所以只要我們心情有些煩躁、起伏，此時只要看看山水畫、聽聽佛教音樂或讀讀古典詩詞，則心境便很容易平靜，而達成身與心、人與環境的整體和諧狀態了。

陸、結　論

經由以上的論述，我們可以得到以下的簡要結論：

雖然儒、道、釋三家「經典」對現實人生的看法與態度不同，但它們關懷生命與安身立命的用心及目的，則是相同的。它們都看重生命的價值與安頓；都強調透過心性修養與工夫實踐，來安頓生命；都相信生命具有自我管理的能力；也都強調生命對己與對外的感通及和諧。由於它們具有這樣的「人文關懷」（生命關懷），可以安頓個人、社會與世界；可以促進人自身，以及人與社會及自然的和諧，因此，在教育與通識教育中提倡儒、道、釋三家的「經典教育」，不只在「義」上是應該必要的，同時在「利」上也是具有巨大之功效的。

參考文獻舉要

一、專書部分：

1. 《大正新修大藏經》（即《大正藏》），台北：新文豐出版公司，1987 年。
2. 王邦雄等：《中國哲學史》，台北，空中大學，1998 年。
3. 方東美：《新儒家哲學十八講》，台北：黎明文化公司，1985 年。
4. 朱熹：《四書章句集註》，台北：鵝湖出版社，1984 年。

身武術」等。當然，我們也可以把太極拳與所有武術，當成是體證眞理的方式或途徑之一。而若這樣詮釋，則它們又將具有另一種價值與意義了。

5. 牟宗三：《中國哲學十九講》，台北：學生書局，1991 年。

6. 牟宗三：《中國哲學的特質》，台北：學生書局，1984 年。

7. 吳汝鈞：《中國佛學的現代詮釋》，台北：文津出版社，1995 年。

8. 唐君毅：《哲學概論》，台北：學生書局，1985 年。

9. 唐君毅：《道德自我之建立》，台北：學生書局，1985 年。

10. 徐復觀：《中國人性論史・先秦篇》，台北：商務印書館，1969 年。

11. 徐復觀：《中國藝術精神》，台北：學生書局，1974 年。

12. 袁保新：《老子哲學之詮釋與重建》，台北：文津出版社，1991 年。

13. 郭慶藩編・王孝魚整理：《莊子集釋》，臺北：萬卷樓圖書公司，1993 年。

14. 陳立驤：《宋明儒學新論》，高雄：高雄復文圖書出版社，2005 年 7 月。

15. 曾昭旭：《孔子和他的追隨者》，台北：漢光文化公司，1993 年。

16. 曾春海：《中國哲學概論》，台北：五南圖書公司，2005 年。

17. 勞思光：《中國文化路向問題的新檢討》，台北：東大圖書公司，1993 年。

18. 勞思光：《新編中國哲學史》，台北：三民書局，1992 年。

19. 傅偉勳：《西洋哲學史》，台北：三民書局，1986 年。

20. 黃宗羲：〈諸儒學案上二〉，《明儒學案・下冊》，卷 44。

21. 黃俊傑：《大學通識教育的理念與實踐》，中華民國通識教育學會，2005 年。

22. 黃俊傑編：《通識在線》，創刊號、期 10 與期 13，中華民國通識教育學會，2005 年 10 月、2007 年 5 月與 2007 年 11 月。

23. 樓宇烈校釋：《老子周易王弼注校釋》，台北：華正書局，1983 年。

二、論文部分（含「論說之文」與「論證之文」在內）：

1. 朱建民：〈經典與通識〉，《通識在線》，通識在線雜誌社，第 13 期，2007 年 11 月。

2. 岑溢成：〈嵇康的思維方式與魏晉玄學〉，《鵝湖學誌》，鵝湖雜誌社，期 9，1992 年 12 月。

3. 林安梧：〈《易經》思想與二十一世紀文明之發展〉，《鵝湖月刊》，卷 28，期 5，2002 年 12 月。

4. 袁保新：〈什麼是人？孟子心性論與海德格存有思維的對比研究——兼論當代孟子心性論詮釋的困境及其超克〉，「中國哲學與全球倫理學術研討會」，台北：東吳大學哲學系，2000 年。

5. 范廣欣：〈經典教育在通識教育中的位置〉，《通識在線》，通識在線雜誌社，期 13，2007 年 11 月。

6. 陳立驤：〈老子哲學新論〉，《高苑學報》，卷 13，2007 年 7 月。

7. 陳立驤：〈周敦頤《太極圖說》「無極」與「太極」關係之研究〉，《鵝湖月刊》，卷 33，期 1，號 385，2007 年 7 月。

8. 陳立驤：〈通識教育與儒家哲學——儒家式通識教育哲學之初探〉，《通識學刊——理念與實務》，卷 1，期 3，2008 年 1 月。

9. 陳立驤：〈儒學與人類社會和諧〉，「中國衢州國際儒學論壇」，中國大陸，浙江衢州，2006 年 9～10 月。

本文曾刊載於《哲學與文化》革新號第 412 期（第 35 卷第 9 期），2008 年 9 月